Lotte Bormuth

In meinem Herzen ist Weihnachten

francke

Über die Autorin:
Lotte Bormuth ist eine der erfolgreichsten christlichen Autorinnen Deutschlands. In bald über 100 Titeln hat sie mit Lebensbildern und eigenen Erlebnissen vielen Menschen Trost, Freude und Glaubensmut vermittelt. Sie hat fünf Kinder, 17 Enkel und einen Urenkel und lebt mit ihrem Mann in Marburg.

Bibliografische Information Der Deutschen Bibliothek
Die Deutsche Bibliothek verzeichnet diese Publikation in der Deutschen Nationalbibliografie;
detaillierte bibliografische Daten sind im Internet über http://dnb.ddb.de abrufbar.

ISBN 978-3-86827-606-0

35037 Marburg an der Lahn
Umschlagbild: © dreamstime.com / MNStudio
Umschlaggestaltung: Verlag der Francke-Buchhandlung GmbH / Christian Heinritz
Satz: Verlag der Francke-Buchhandlung GmbH
Druck und Bindung: CPI books GmbH, Leck

www.francke-buch.de

Inhalt

Eine besondere Ehrung

Vor ein paar Tagen erhielten wir Post von unserem Herrn Oberbürgermeister. Mich hat es schon verwundert, von solch einer hohen Persönlichkeit eine Einladung zu erhalten. In diesem Brief teilte er uns mit, dass mein Mann und ich wegen unseres ehrenamtlichen Einsatzes für Obdachlose, Flüchtlinge, Asylanten und Einsame geehrt werden sollten; denn zu Weihnachten veranstalten wir immer ein Fest für sie. Seit fünfzig Jahren freuen wir uns darüber, mit über hundertfünfzig Gästen diesen Abend zu feiern. Nun fand im großen Saal des Rathauses eine Ehrung für freiwillig arbeitende Menschen statt. Viele Leute waren anwesend, sodass manche Besucher im hinteren Teil des Saales sogar dicht gedrängt an den Wänden stehen mussten. Sechs Marburger Bürger wurden mit dem Brief des Landes Hessen und dem historischen Stadtsiegel ausgezeichnet. Außerdem wurden wir alle mit einem herrlichen Blumenstrauß bedacht. Die Rede hielt Oberbürgermeister Vaupel und er begann damit, dass er dieser Feierstunde den Satz vorausstellte: „Die Qualität des Lebens in unserer Stadt machen die Ehrenamtlichen aus."

Mein Mann und ich wurden den Anwesenden mit folgenden Worten vorgestellt: „Seit einem halben Jahrhundert richtet das Ehepaar Lotte und Karl-Heinz Bormuth an Heiligabend eine Weihnachtsfeier für Einsame, sozial Schwache und Obdachlose aus Marburg und dem Landkreis aus. Schon seit fünfzig Jahren verzichten sie an diesem Tag auf ihre Privatsphäre. Mit kulturellen Beiträgen, einer Ansprache zur Bedeutung des Geschehens in Bethlehem, dem Geburtsort von Jesus Christus, mit Liedern und anderen musikalischen Beiträgen, lustigen und ernsten Geschichten sorgen sie an diesem Abend für eine wohltuende, liebevolle Atmosphäre. Sogar mit einem guten Essen werden die Gäste erfreut. Keiner soll wieder hungrig nach Hause gehen. Frau Bormuth bereitet selbst fünf Eimer Kartoffelsalat zu und kauft über 200 Würstchen. Außerdem werden die Gäste mit Torten und anderem Gebäck beglückt. Café Vetter und Café Klingelhöfer spenden diese herrlichen Gaben. Jeder Gast wird auch mit einem größeren Lebensmittelpaket bedacht und nach Schluss der Veranstaltung durch einen organisierten Fahrdienst wieder in seine Wohnung gebracht. Er selbst besuche seit vielen Jahren diese Feier, und seine Heiligabende hätten an Qualität gewonnen. Diese Besuche relativierten vieles im eigenen Leben", so der Oberbürgermeister.

Das Lob des Redners war mir peinlich, denn ich hatte nie den Eindruck, für dieses Engagement ein großes Opfer gebracht zu haben. Mir bereitet diese Feier selbst viel Freude; denn Weihnachten ist ja eines der wichtigsten Feste in der Christenheit. Mir war es immer ein Anliegen, dass keiner dieses wundervolle Ereignis entbehren sollte: Christus ist im Stall in erbärmlicher Niedrigkeit geboren. In herzlicher Liebe zu uns Menschen hat Gott seinen Sohn in unsere Welt geschickt, damit wir einen Freund und Heiland an unserer Seite hätten. Über unser Elend hat sich unser Herr im Himmel erbarmt, damit jeder die Chance erhält, durch Jesus Befreiung von Schuld, Heilung für seine Leiden, Freude in seiner Einsamkeit und Trost in seiner Verzweiflung zu erfahren.

Gerne nehmen mein Mann und ich diese Ehrung in Dankbarkeit an alle anderen Mitarbeiter, die uns in den fünfzig Jahren helfend zur Seite standen, an. Und doch will ich sagen, dass ich dieses Lob nicht verdient habe, da ich selbst über diesem Geschehen an Weihnachten glücklich geworden bin. So bin ich zutiefst dankbar, dass Gott uns Anteil an seiner Rettungsaktion für unsere Stadt gibt.

Jedes Jahr beschließen wir den Abend mit dem Vaterunser, das uns Jesus selbst gelehrt hat, und mit Worten des Segens: „Der Herr segne dich und behüte dich. Er lasse sein Angesicht freundlich über dir leuchten und sei dir gnädig." Erst danach teilen die Mitarbeiter die Lebensmittelpakete an unsere Gäste aus.

Am Schluss dieses Nachmittags im Rathaus standen wir noch in kleinen Gruppen zusammen und unterhielten uns bei einem Glas Sekt oder Orangensaft über dieses schöne Ereignis. Viele Fragen wurden uns noch gestellt. Mehrere Frauen kamen auf mich zu und erklärten sich auch bereit, Kekse zu backen und an dem Abend mitzuarbeiten. Eine Frau wollte sogar mit ihrem Kleinbus

Gäste nach Hause bringen. Denn an Heiligabend fährt zu solch später Stunde kein Bus mehr. Es war uns ein besonderes Zeichen der Ermutigung, dass auch andere Anteil nahmen an unserer Arbeit und es begrüßten, dass dieses Fest weitergehen soll, selbst dann noch, wenn unsere Kräfte weniger werden und wir einmal die Verantwortung in jüngere Hände legen werden.

Ein wichtiges Gespräch am Bahnhof

Es war an einem heißen Sommertag. Ich kam gerade mit zwei schweren Koffern in der Hand von einer längeren Reise nach Hause zurück. Am Bahnhof traf ich auf eine ältere Dame. Sie ging sofort auf mich zu, sprach mich an, denn sie kannte mich gut. Schon oft hatte ich mich mit ihr an unserem Weihnachtsabend unterhalten. Ihre Lebensgeschichte bewegte mich. Als Baby war sie mit einem schweren Hüftfehler zur Welt gekommen, der zur damaligen Zeit von den Ärzten noch nicht behandelt wurde. So musste sie ein Leben lang unter diesem Gehfehler leiden. In der Schule wurde sie oft mit spöttischen Reden bedacht. „Hinkel-Lieschen" war noch das harmloseste Wort. Kinder können unheimlich grausam sein. So war ihr Dasein nicht vom Glück überstrahlt. Geheiratet hat sie auch nicht, und so blieb sie sehr einsam und bis in ihr hohes Alter allein. „Sie feiern doch auch dieses Jahr wieder den Heiligabend mit uns?", fragte sie mich.

Da ging mir ein Licht auf, wie sehr sich Bedürftige, Alleinstehende, leidende Menschen auf unser Fest freuten. Schon im heißen Sommer bewegte sie die Frage, ob in der Schwanallee 37 wieder Weihnachten gefeiert würde. Wie viel muss dieses Fest der älteren Dame bedeuten.

Ich dachte so bei mir: Wir müssen die Geburt des Jesuskindleins auch dieses Jahr wieder organisieren; denn Menschen stehen in froher Erwartung vor diesem herrlichen Ereignis. Und haben wir den Sinn unserer Feier nicht schon erreicht, wenn die Sehnsucht nach dem Stern, der in der Heiligen Nacht über Bethlehems Stall aufgegangen ist, in ihnen erwacht? So erleben sie die Wahrheit für ihr Leben, dass sie den Retter, Erlöser und Heiland für ihr ganzes Dasein brauchen, in guten wie in schweren Stunden.

Die Begegnung mit der alten Dame am Bahnhof ging mir lange nicht aus dem Kopf und so begann ich in diesem Jahr schon sehr früh damit, den nächsten Heiligen Abend zu planen. Vor allen Dingen beschäftigte ich mich intensiv mit der Geburt Jesu Christi, und die Vorbereitung der Predigt für unsere vielen Gäste war das Erste, das mich auf dieses Fest einstimmte. Vor allen Dingen war es der Gesang der Engel, der mich durch meine Tage begleitete und meinem Herzen einen einzigartigen Klang schenkte. So stellte ich mir schon im Juni eine Karte mit dieser Lobeshymne auf meinen Schreibtisch: „Ehre sei Gott in der Höhe und Frieden auf Erden und den Menschen ein Wohlgefallen!“

Eine schreckliche Plage

Es war kurz vor Weihnachten und ich drückte unserem Siebenjährigen Geld in die Hand, um sich beim Frisör die Haare schneiden zu lassen. Geschniegelt und gebügelt sollten meine Kinder auch mit einer guten Frisur unter dem Tannenbaum bei unserer Festfeier sitzen. Aber schon nach einer Viertelstunde kam Daniel wieder zurück und noch immer waren seine Locken recht lang. „Mama, Herr Herzog hat mir die Haare nicht geschnitten, sondern mich wieder nach Hause geschickt."

„Das gibt es doch nicht!", regte ich mich auf. „Waren heute denn so viele Kunden im Laden, dass er für die Kinder keine Zeit hatte?"

„Nein, Mama, vor mir war nur ein Mann dran. Aber der Frisör hat mir gesagt, er dürfe mir die Haare nicht schneiden, denn ich hätte Läuse."

„Ach du Schreck, erzähl das nur niemandem. Hoffentlich haben es die anderen Leute im Laden nicht gehört."

„Nein, Mama, nur unsere Nachbarin kam gerade ins Geschäft, und als sie mich gefragt hat, warum ich denn wieder so schnell nach Hause gehe, da hab ich gesagt, dass ich später noch mal kommen soll, wenn ich keine Läuse mehr hätte."

„O weh! Dann wird es Frau Meier sicher im ganzen Dorf herumerzählen, dass Bormuths Läuse haben. Aber was mach ich nur mit dir? Wir haben doch in zwei Tagen unser großes Fest mit den Bedürftigen in unserer Gemeinde. Da muss ich durchs Programm führen und außerdem die Andacht halten. Ich kann dich doch am Heiligen Abend nicht allein zu Hause lassen. Auch deine Brüder und deine Schwester brauche ich dringend beim Theaterspiel."

Ich überlegte hin und her und fand dann eine gute Lösung. Zunächst ging ich zur Apotheke und kaufte für unseren Sohn ein Mittel, das die Quälgeister abtöten sollte. Dann wusch ich ihm gründlich die Haare und rieb ihm den Kopf mit dem Läusepulver ein. Ich suchte sein blaues Mützchen hervor und zog es ihm dicht über den Kopf. „So, bitte, behalte das Mützchen Tag und Nacht auf, auch wenn wir zu unserer Feier gehen, denn ich möchte unsere Gäste nicht mit Läusen beglücken, sondern sie vor dieser Plage bewahren."

Kein Mensch sprach mich an diesem Abend an und wollte wissen, warum das Kind immer mit einer Mütze herumlaufen müsse. Im Saal sei es doch sehr schön warm. Das Läusepulver und die Wollmütze haben diesen Plagegeistern Einhalt geboten. Wenn ich sah, dass doch mal einer der Burschen von der Landstraße sich auf dem Kopf juckte, dann war er vielleicht schon vorher mit einer kleinen Laus zur Feier gekommen. Es müssen ja nicht gerade Bormuths Läuse gewesen sein, die ihn quälten. So haben wir doch noch ein schönes Fest gefeiert und die kleinen juckenden Tierchen durften daran Anteil haben, aber nur unter dem blauen Mützchen.

Die Hölle im russischen Winter

Niemals hätte ich mir als Kind träumen lassen, dass auch meine Familie einmal mit den schrecklichen Folgen der Hölle Stalingrads konfrontiert würde.

Ende November 1942 überlegten die Generäle der deutschen Armee, wie sie ihre Soldaten in der kommenden Zeit beschäftigen sollten. Sie gingen davon aus, dass wegen der Kälte wohl auch die Russen nicht versuchen würden, die deutsche Wehrmacht anzugreifen. Oberstleutnant Philipp von Boeselager, der am 20.11.42 dazu befördert worden war, die Befehlsgewalt einer Armee in Russland zu übernehmen, wollte eine Reihe von Soldaten nach Hause in den Urlaub schicken; denn sie hatten seit dem vergangenen Jahr ihre Familien nicht mehr gesehen. Unteroffiziere und vier Offiziere wurden auch zu Lehrgängen in die Heimat beordert. Für den Rest hatte der Kommandeur eine sprachliche Weiterbildung vorgesehen und schon Lehr- und Wörterbücher angefordert.

Im November sanken die Temperaturen nachts auf minus zehn Grad, manchmal auch bis zu minus 16 Grad. Die Soldaten erlitten ihre ersten Erfrierungen. So hatten die Ärzte und die russischen Frauen, die zu ihrer Betreuung eingesetzt waren, viel zu tun. Die geschundenen Glieder wurden massiert und mit Salben und Bädern behandelt.

Mitte Dezember wurde der Winter noch härter. Minus 20 Grad zeigte das Thermometer an und noch immer war die Winterbekleidung für die Front nicht angekommen. Der Abteilung von Philipp von Boeselager waren 400 Paar Skier versprochen worden, die aber auch nicht zur rechten Zeit eintrafen. In abgenutzten, leichten Uniformjacken als Oberbekleidung froren die jungen Männer ganz furchtbar. Für die gesamte sechste Division, die aus mehreren Tausend Mann bestand, waren nur ein paar Dutzend Wintermäntel und Stiefel geliefert worden. So zogen die Soldaten ihre sämtliche Unterwäsche an, um dem Frost zu trotzen. Aber dies war noch immer zu wenig. So begannen sie damit, ihren Leib mit Zeitungspapier, Pappe und Lumpen zu schützen. Die Heimat hatte es versäumt, rechtzeitig warme Kleidung zu liefern. Der Nachschub blieb im Herbst im Schnee, Schlamm und Dreck stecken.

Daraufhin schickte der Oberbefehlshaber eine motorisierte Truppe nach Westfalen, um von dort Pelze und warme Winterbekleidung zu holen. So bereitete man sich auf die kommende Kälte vor. Alle freuten sich, dass die Erfrierungen ein Ende haben würden. Im Übrigen schauten sie erwartungsvoll dem Weihnachtsfest entgegen.

Aber alle Wünsche und Sehnsüchte der deutschen Soldaten wurden nicht erfüllt. Im Dezember brach die Gegenoffensive der Sowjets mit kaum vorstellbarer Härte los und Moskau wurde mit aller Macht verteidigt. Plötzlich wurde der erfolgreiche Vormarsch der Deutschen gestoppt. Die Heeresleitung ging nicht davon aus, dass dadurch der Kriegsausgang besiegelt werden könnte. Aber die Menschen ahnten, dass sich die Kampfhandlungen in die Länge ziehen würden. Man konnte den Brückenkopf in Kaliningrad nicht mehr halten. Fast mühelos starteten die sowjetischen Divisionen ihren Vormarsch über die nun zugefrorene Wolga.

Ihre Vorstöße reichten weit bis in die deutsche Front hinein. Die Heeresleitung fürchtete, dass ihre Truppen eingekesselt und vernichtet werden könnten.

Inzwischen war die sprichwörtliche sibirische Kälte angebrochen. Heftige Windböen warfen die Soldaten fast zu Boden. Am Morgen des 16. Dezember erhielt die neunte Armee den Befehl zum Rückzug auf die rechte Seite der Wolga. Eine hohe Schneedecke lag über dem Land und wurde immer wieder von heftigen Stürmen aufgewirbelt. Nur mühsam kamen die Lastwagen voran. Durch die erschwerte Fahrt verdreifachte sich der Kraftstoffverbrauch. Nicht mehr als 25 Kilometer pro Stunde kam man voran. Nur die Pferde erwiesen sich als verlässliche Transportmittel.

Jetzt ging es nicht mehr darum zu siegen, sondern nur noch ums nackte Überleben. Der Druck des Feindes war enorm stark. Die deutschen Truppen waren dem feindlichen Feuerhagel und außerdem der Kälte nicht mehr gewachsen. Die Temperaturen waren mörderisch. Hände, Füße, Ohren, Nasen und noch andere Körperteile fielen dem Frost zum Opfer. Die Gefallenen konnten nicht einmal begraben werden, so tief war der Boden gefroren. Die tiefsten Temperaturen wurden an Weihnachten mit minus 46 Grad gemessen. Dass die russische Armee immer noch so stark war und kämpfen konnte, lag an ihrer hervorragenden Ausrüstung. Dieser Rückschlag der Deutschen hätte der Einsicht des Führers dienen müssen, dass nun der Krieg beendet werden müsste. Aber Hitler, „der größte Feldherr aller Zeiten“, wie er sich selbst titulierte, war zu keiner Kapitulation zu bewegen, obwohl ihm die Generäle diesen Vorschlag machten.

Nach dem Fall von Stalingrad war der Untergang des deutschen Heeres nicht mehr aufzuhalten. Die Opfer stiegen in unermessliche Höhen. Die Hälfte der Truppe war schon gefallen und die Lücken konnten nicht mehr geschlossen werden. Es fehlten ja auch die Soldaten, die in den Heimaturlaub und zu Lehrgängen in die Heimat geschickt worden waren. Auch die Lebensmittel erreichten die kämpfenden Truppen nicht mehr. So wurde das Chaos noch größer. Stalingrad war nun zur Hölle der Deutschen geworden. Auch die Verwundeten konnten nicht mehr in die Lazarette gebracht werden.

Das Stöhnen und Schreien der Männer war entsetzlich. Ohne Medikamente, Verbandszeug und Mittel zur Linderung der Schmerzen standen die Ärzte hilflos da. Es ging den Deutschen wie schon Napoleon, der auch wegen des harten Winters den Sieg verloren hatte. Den Sowjets hatten die Deutschen nichts mehr entgegenzusetzen, und so musste die Wehrmacht eine hohe Blutschuld für den Starrsinn des Führers zahlen.

Ich habe bewusst diese Hölle von Stalingrad auf nur wenigen Seiten geschildert, denn auch meine Familie war davon betroffen. Ich musste als Achtjährige erleben, wie mein Vater einmal ins Schlafzimmer trat. Da ich hinter den Betten spielte, bemerkte er mich nicht. Seinen Kopf bedeckte er mit beiden Händen und zitterte am ganzen Körper. An den Kamin gelehnt weinte er. Sein Schmerz war nicht auszuloten. An diesem Morgen hatte er die Nachricht erhalten, dass sein jüngster Bruder, Vater von vier Kindern, in der Schlacht um Stalingrad gefallen war.

Nur einmal in seinem ganzen Leben habe ich meinen Vater so weinen sehen. Seine Tränen und sein Schluchzen versetzten mich in Angst. Nie mehr habe ich dieses Leid und die Erschütterung meines Vaters vergessen können. Aber ich vermochte auch nicht mit ihm über den Tod meines Onkels zu sprechen. So litt ich mit meinem Vater und trauerte um meinen Onkel Emil ganz im Stillen.

Als wir dann unser Weihnachtsfest feierten, stellten wir die Fotografie von Onkel Emil und eine Kerze auf eine Glasscheibe in unserem Wohnzimmerschrank. Wir wollten seines Todes gedenken. Als dabei durch die Hitze der Flamme das Glas mit einem lauten Knall platzte, wurde dadurch unsere Not noch größer.

Mir ist es heute ein herzliches Anliegen, dass ich Gott danke für siebzig Jahre, die wir Weihnachten ohne schrecklichen Krieg und Tod feiern dürfen. Meine Kinder mussten nicht in irrsinnigen Kämpfen verbluten. Ich bete aber auch fast täglich, dass Gott den grausamen Schlachten, dem entsetzlichen Sterben auf den Kriegsschauplätzen in Syrien, im Jemen, in Nigeria und Afghanistan ein Ende bereiten möge. Die Bilder von den Kampfhandlungen, bei denen Kinder, Frauen und Männer verbluten, gehen um die Welt. So ist das Rufen zu Gott um Frieden auf unseren Kontinenten noch dringlicher.

Heißt es doch in der Weihnachtsbotschaft der Engel: „Ehre sei Gott in der Höhe und Friede auf Erden und den Menschen ein Wohlgefallen.“ Um solchen Frieden wollen wir in unseren Gebeten ringen.

Ein Brief aus dem Hunsrück

Heute erhielt ich einen Brief aus einem wohl kleinen Ort im Hunsrück. Mir ist der Absender unbekannt. Aber seine herzlichen Worte haben mich erfreut. Drei Bücher aus meiner Feder hatte sich Herr Ringel gekauft und die Tage unter dem Christbaum in erquickliche Lesestunden verwandelt. Sein Dank tat mir wohl. Jeder, der wie ich viele Stunden hinter dem Computer verbringt, weiß, wie erfrischend Worte der Anerkennung sind. Ich wurde dadurch stark ermutigt, die Feder noch nicht aus der Hand zu legen, sondern in wahren, lustigen, aber auch in ernsten Geschichten Gottes Größe und sein Erbarmen zu schildern. Je länger ich in der Nachfolge Jesu stehe, desto wichtiger wird mir der Zuspruch, den ich durch meinen Herrn Christus erfahre. Heute hat mich z. B. die Losung aus Psalm 105,1 gestärkt: „Danket dem Herrn und rufet seinen Namen an, verkündigt sein Tun unter den Völkern."

Ja, genau das soll meine Aufgabe bleiben. Ich will mich weiter in die Schar der Zeugen meines Gottes einreihen lassen und in unserer so stark zerrissenen und von Kriegen bedrohten Welt auf den Frieden hinweisen, der sich uns im Wort der Heiligen Schrift zeigt und uns immer wieder die Nähe und Größe unseres Herrn Christus deutlich macht. So möchte ich auch durch meine Bücher darauf aufmerksam machen, wie wunderbar Gott an uns handelt.

Das hat auch mein lieber Leser Herr Ringel getan. So berichtet er von Menschen in Russland, die deutschen Soldaten ihre Hilfe zeigten. 1942 war sein Vater als Soldat in Stalingrad eingesetzt und erlebte an dem schrecklichen Ort des Grauens, der Kälte, des Hungers und des Todes Hilfe von russischen Feinden. 1942 feierten sogar sowjetische und deutsche Soldaten zusammen im Schützengraben Weihnachten. Die Männer aus Deutschland brachten dafür Schnaps und Gebäck mit und die Russen Tabak. Zwei Tage feierten sie in großer Einmütigkeit das Fest der Geburt des Retters und Erlösers Christus. Sie lernten sich dabei gegenseitig kennen und wertschätzen. Am 26.12. aber musste man sich wieder trennen, denn der aussichtslose Krieg sollte weitergeführt werden. Aber man gab sich gegenseitig den Standort an, wo jeder zur Schlacht antreten musste. So wollte man keine Opfer mehr zulassen und es fiel kein einziger Schuss, sondern man traf sich heimlich zu versöhnenden Gesprächen. Im Januar 1943 stürzte sein Vater recht unglücklich. Er wäre sicherlich in der Kälte erfroren, hätten ihn nicht russische Kameraden gefunden, ihn medizinisch versorgt und dann zur deutschen Kampflinie hinübergetragen, damit er noch mit dem letzten Flugzeug aus Stalingrad ausgeflogen werden könnte. Er kam in Deutschland in ein Lazarett und wurde weitgehend wieder geheilt. Als Kriegsversehrten durften ihn zu Hause seine Angehörigen wieder aufnehmen. Welch ein beglückendes Erleben war dies vor allen Dingen für seine Frau.

Herr Ringel schreibt dazu:

„Mir kommt es einem Wunder gleich, dass ich dann am 26. Januar 1944 geboren wurde. Ohne die russischen Kameraden hätte ich nicht das Licht der Welt erblickt und ein herrliches Familienleben haben können. Dieses barmherzige Tun unserer Feinde will ich nie vergessen. Viel Schönes ist mir noch durch meinen lieben Vater geschenkt worden. Leider habe ich ihn dann infolge seiner Kriegsverletzungen verloren. Er starb schon mit 57 Jahren. Aber in meinem Herzen lebt er weiter. Die Hilfe, die er in Stalingrad erfahren hat, ist mir aber im Gedächtnis geblieben. Am 5. Juni 2016 wäre mein Vater hundert Jahre alt geworden. Dies wird für mich ein bedeutsamer Gedenktag werden. Das liebevolle Handeln der russischen Kameraden, die meinen Vater gerettet haben und so auch an meiner Geburt beteiligt sind, will ich mir zum Vorbild nehmen und in Ehren behalten. In diesem Jahr 2016 feiern wir ja auch das Jahr der Barmherzigkeit. In Rom hat es Papst Franziskus vor vielen Gläubigen ausgerufen. Und deshalb will auch ich Gottes Ruf in meinem Leben annehmen und handeln, wie es Gott gefällt. In Jesaja 58,6-8 heißt es:

Lass los, welche du mit Unrecht gebunden hast; lass ledig, welche du beschwerst; gib frei, welche du drängst, reiß weg allerlei Last; brich dem Hungrigen dein Brot, und die, so im Elend sind, führe ins Haus; so du einen nackt siehst, so kleide ihn. Alsdann wird dein Licht hervorbrechen wie die Morgenröte und die Besserung wird schnell wachsen, und deine Gerechtigkeit wird vor dir hergehen, und die Herrlichkeit des Herrn wird dich zu sich nehmen. Und in Vers 14 heißt es noch: *Alsdann wirst du Lust haben am Herrn, und ich will dich über die Höhen auf Erden schweben lassen und will dich speisen mit dem Erbe deines Vaters Jakob; denn des Herrn Mund sagt es."*

Während ich diese Worte niederschreibe, werde ich an eine andere Person erinnert. Es ist Frau Hulda Lehmann. Sie steht mir besonders nahe, weil ihre Eltern auch aus Bessarabien stammten wie ich und später in Westpreußen neu angesiedelt wurden. Sie hat mir ihren Bericht zugesandt und schreibt:

„1944 war das letzte Weihnachtsfest, das wir in Westpreußen gefeiert haben. Aber die Situation auf den Straßen verschlechterte sich von Tag zu Tag. Aus dem östlichen Teil Deutschlands rückten viele nicht enden wollende Trecks heran und bildeten lange Staus. Dort war die russische Armee schon durchgebrochen und es gelang der deutschen Wehrmacht nicht, sich den sowjetischen Panzern entgegenzustellen. Aber noch immer war es uns nicht erlaubt, auch auf die Flucht zu gehen. Mit Durchhalteparolen wurde uns über das Radio eingetrichtert, dass die russische Armee wieder in ihre Schranken gewiesen würde. Damit versuchte Hitlers Regierung, den Kampfgeist unserer Soldaten anzuheizen. Wir durften noch nicht einmal unsere Wagen mit Planen aufrüsten.

Aber dann kam der 21. Januar 1945 und uns wurde befohlen, dass wir uns binnen zwei Stunden auf dem Vorplatz des Bahnhofs einfinden sollten. Zum Glück hatte meine Mutter doch schon einige Sachen in die Koffer gepackt. Wir Kinder wurden angewiesen, zwei Paar Strümpfe, zwei Unterhosen, zwei Pullover und zwei Jacken übereinanderzuziehen. Draußen war es bitter kalt. Die Temperaturen müssen weit unter minus zwanzig Grad gefallen sein. Meiner großen Schwester befahl meine Mutter, dem Vieh im Stall noch einmal tüchtig Heu vorzuwerfen und die Kühe zu melken. Dann zogen wir los. Auf den Straßen bildeten sich endlose Reihen von voll beladenen Schlitten. Aus allen Häusern eilten die Menschen Richtung Bahnhof. Dort standen in langen Reihen Viehwaggons, in die wir gepfercht wurden. Auf dem Boden saßen wir mit angezogenen Beinen. Mehr Platz blieb uns nicht.

Die Abfahrt zog sich in die Länge, bis alle Flüchtlinge untergebracht waren. Mit großer Verspätung setzte sich der Zug endlich in Bewegung. Wie lange würde unsere Fahrt in den Westen wohl dauern?

Immer wieder wurde unser Transport auf der Strecke angehalten. Mehrmals gerieten wir auch unter Tieffliegerbeschuss. In den Waggons froren wir schrecklich. Bald schon waren unsere mitgenommenen Lebensmittel aufgebraucht. Wir litten auch Durst.

Einmal hielten wir für mehrere Stunden auf einem kleineren Bahnhof an. In unserem Waggon waren auch einige Alte und Kranke. Auch Säuglinge gehörten zu unserer Besetzung. Die Kleinen schrien besonders, weil es keine Milch mehr für sie gab und die Mütter sie nicht stillen konnten. Manchmal beobachteten wir, wie auf Haltestationen die Toten einfach neben den Gleisen abgelegt wurden. Diese schrecklichen Bilder werde ich wohl mein ganzes Leben nicht loswerden. Solch einen Halt nutzte ich aus, um auszusteigen und mir die Füße etwas zu vertreten, ich hielt auch Ausschau, wo ich zwei leere

Flaschen mit Wasser füllen konnte, und ging in die Vorhalle. Dort fand ich einen Wasserhahn, endlich konnte ich wieder etwas trinken. Ich leerte gleich eine halbe Flasche und füllte sie dann wieder neu.

Doch plötzlich tauchte in der Bahnhofsvorhalle ein russischer Offizier auf. Er schien mich beobachtet zu haben, kam auf mich zu und lächelte mich an. Sachte strich er mir über den Kopf. Dann gab er mir ein Zeichen, ich solle hier einen Augenblick warten. Er würde gleich wiederkommen. Ich hatte den Eindruck, dass er es gut mit mir meinte, und blieb im Wartesaal stehen. Kurz darauf tauchte er wieder auf und kam zu mir. In seinen Händen hielt er einen großen Laib Brot und eine Büchse mit Schmalz. Aus seiner Manteltasche holte er noch eine Tüte mit Zucker hervor und gab sie mir. In diesem Augenblick war ich wohl der glücklichste Mensch. Das Brot versteckte ich in meiner Jacke und den Zucker verstaute ich in meiner Hosentasche. Die Schmalzbüchse und die beiden gefüllten Flaschen konnte ich in meinen Rucksack stecken. Ich verneigte mich zum Dank vor meinem Wohltäter.

Dann aber lief ich, so schnell, wie mich

meine Füße tragen konnten, zu meinem Waggon. Mit einem stolzen Lächeln auf meinem Gesicht übergab ich meiner Mutter das Brot, die Schmalzbüchse, die Tüte mit Zucker und die beiden Wasserflaschen. Wie ein Held fühlte ich mich und erzählte meiner Mama, wer mir die herrlichen Lebensmittel geschenkt hatte. Über ihr Gesicht ging ein Strahlen, denn sie hatte am meisten darunter gelitten, dass wir Kinder so großen Hunger und Durst hatten. „Kinder", nahm sie uns in ihre Arme, „der Herrgott im Himmel hat uns noch nicht vergessen. Ihm wollen wir zuerst für diese Gaben danken." Dann faltete sie ihre Hände.

Den russischen Offizier aber habe ich nie mehr vergessen. Er hat uns aus der Not geholfen, obwohl er unser Feind war."

Eine Tafel Schokolade

Es war 1945 und wir befanden uns auf dem letzten Abschnitt unserer Flucht. Hessischen Boden hatten wir schon erreicht und waren in Wanfried in die amerikanische Zone gelangt. Die ersten feindlichen Soldaten, die in ihren Panzern saßen, waren Schwarze. Wir sind nie von ihnen bedroht worden, und doch war mir ihr Anblick sehr fremd und ich fürchtete mich zunächst vor ihnen. Ich hatte noch nie zuvor einen farbigen Soldaten gesehen. Einmal mussten wir mit unserem Pferdewagen rechts am Straßenrand anhalten, weil eine lange Kolonne von Amerikanern an uns vorbeiwollte. Plötzlich hielten die Panzer an. Ein Soldat sah zu uns Kindern herüber und schien von unseren Strapazen berührt zu sein. Sicher hat er geahnt, wie viele Entbehrungen und Leiderfahrungen wir durch den Verlust unserer Heimat hatten erfahren müssen. Vor allen Dingen war unsere Ernährung mehr als dürftig. Blass und erbärmlich sahen wir auf unserem Kastenwagen aus. Plötzlich holte der Schwarze etwas aus seinem Brotbeutel heraus und warf es uns zu. Es war meine erste Tafel Schokolade in meinem Leben, die ich in Händen hielt. Ich lächelte dem Soldaten zu und durch mein Winken wollte ich ihm einfach Danke sagen. Schokolade gab es während des Krieges in unserem Land nicht, nun aber war ich mit einer so einzigartigen Süßigkeit beschenkt worden. Vorsichtig packte ich sie aus der Umhüllung, teilte die Riegel auf und gab sie meinen beiden Schwestern und auch meinen Eltern weiter. Diese Tafel Schokolade aus der Hand unserer Feinde war mir etwas sehr Kostbares.

Später wurde an unserem Gymnasium die Schulspeisung eingeführt. In der großen Pause stellten wir uns in langen Reihen an und reichten unsere Büchsen den Frauen, die in der Küche diesen Dienst taten. Es gab oft Erbsen-, Bohnen- oder Haferflockensuppe und am Samstag erhielt jeder von uns eine 50 Gramm Tafel Schokolade. Es wurde uns gesagt, dass wir die Schulspeisung in der Pause zu uns nehmen sollten. Wenn Reste übrig blieben, dann durfte ich noch einmal mein Büchschen mit Suppe füllen. Die Schokolade nahm ich immer mit nach Hause und versteckte sie in meinen Taschen. Lilli, meiner kleinen Schwester, wollte ich doch so gerne eine Freude machen. Vater aber teilte diese 50 Gramm an jeden aus. So wurde der Samstag zum schönsten Tag der Woche.

Weihnachten im Erdbunker

Nun war Heiligabend und ich war schon eine Reihe von Monaten in russischer Gefangenschaft. Nur ein Gedanke beschäftigte mich: Werde ich noch einmal zu meiner Mutter, meinem Vater und den kleinen Geschwistern heimkommen? Das Heimweh zerriss mir fast das Herz. Tagsüber mussten wir bei geringer Kost Bäume im Wald fällen. Nachts lagen wir in einem dunklen Erdbunker und spürten, wie der Hunger an unseren Gedärmen nagte und der Durst die Kehle austrocknete. Jetzt wollte ich nur noch schnell schlafen und nichts mehr hören und sehen. So zog ich mir die Decke über den Kopf. Weihnachten litt ich besonders unter den verheerenden Verhältnissen in der Fremde. Wie schön war es immer bei uns zu Hause an diesem Fest gewesen. Hell strahlten die Kerzen und leuchteten die bunten Kugeln am Tannenbaum. Im ganzen Haus duftete es nach Tannengrün und herrlichen Plätzchen, in der Küche bereitete die Mutter das Festessen vor und der Geruch von gebratenem Hühnerfleisch weckte in uns den Appetit. Aber hier in dieser Erdhöhle war es frostig, dunkel und nass. Würde ich diese Zeit überleben? Am besten war es, nur nicht mehr seinen Sehnsüchten nachzugeben, sondern schnell einzuschlafen, sonst müsste man noch vor Heimweh sterben. Aber plötzlich rüttelte mich einer aus meinen Träumereien: „He, Kamerad, werde wach! Heute ist Christnacht. Lass uns zu einigen anderen Kameraden gehen. Der junge Student will uns die Botschaft der Hirten erzählen. Steh endlich auf!"

„Lass mich in Ruhe! Weihnachten gibt es für mich nicht mehr. Ich will nur noch schlafen", erwiderte ich.

Aber mein Kamerad zog mir unsanft die Decke vom Kopf und rüttelte mich am Arm. „Los, komm auf die Beine! Wir gehen jetzt gemeinsam zu Peter. Er hat auf Pfarrer studiert. Noch heute wird er uns etwas zu sagen haben."

„Soll ich mir jetzt auch noch fromme Geschichten anhören, wo es mir so elend geht?"

„Ja, komm endlich!"

So ließ ich mich überreden und wir trafen auf einige andere Kameraden, die um ein kleines Öllämpchen herum auf einer Pritsche saßen. „Gut, dass du mir gefolgt bist. Zusammen lässt sich unsere Not besser ertragen. Auch für uns wird es heute Weihnachten. Christus ist auch für uns Soldaten geboren."

Dann traf ich auf den jungen Theologiestudenten. Er war mir nicht unbekannt, denn auch er musste sich genauso hart schinden wie wir und mit anderen Gefangenen Holzscheite aus dem Wald tragen, sodass er schon ganz gekrümmt ging. Wie sehr quälte er sich täglich ab, um seine Norm zu schaffen. Mir hatte der junge Kerl immer leidgetan, wenn ich ihn sah. Recht elend war er geworden. Dass er in Leipzig Theologie studiert hatte, war mir nicht bewusst. Allmählich wurde ich ganz wach und fragte mich, was er uns nur in unserem dreckigen Erdloch sagen wollte. Auf seiner Pritsche rückten wir dicht zusammen. Aber dieser Student hatte sich nicht vorgenommen, uns eine Predigt zu halten. Er begann einfach und erzählte von den Hirten auf Bethlehems Fluren. Fast konnte ich glauben, er sei selbst der Hirte, der die Engel auf dem Felde gehört hatte, wie sie sangen: „Ehre sei Gott in der Höhe und Friede auf Erden und den Menschen ein Wohlgefallen." Was er uns berichtete, war so spannend, dass wir förmlich sahen, wie ergriffen und erschrocken er war, als er vom Lichtglanz der göttlichen Macht umschlossen war und die Hirten diese wunderbaren Worte hörten: „Fürchtet euch nicht, denn siehe, ich verkündige euch große Freude, die allem Volk widerfahren wird: denn euch ist heute der Heiland geboren, welcher ist Christus der Herr!"

Als wir die Worte von Peter hörten, wurde es uns so warm ums Herz und ich musste annehmen, dass Gott ihn direkt von den Weiden Bethlehems zu uns geschickt hatte. Hell leuchteten seine Augen dabei auf. Sogar den Jubel der Engel vernahm ich und es war mir zumute, als säße ich nicht im dunklen, frostigen Bunker, sondern wäre am Stall von Bethlehem angelangt. Anbetend stand ich vor der Krippe des heiligen Kindes. Erinnerungen tauchten in meinem Gedächtnis auf und ich fand mich in meiner Kirche zu Hause wieder, wo ich an Heiligabend auch an der Weihnachtskrippe stand und meine Mutter mir sogar einmal erlaubt hatte, das Jesuskindlein aus seinen Kissen zu nehmen und in meinen Armen zu wiegen. Aber das war schon lange her. Und doch konnte ich hier in den Schneewüsten Russlands mit meinen Kameraden Weihnachten feiern.

Langsam brannte unser Öllämpchen nieder. Wir wünschten uns dann noch Frohe Weihnachten, gaben uns die Hand und krochen wieder zurück auf unsere armseligen Pritschen.

Als es Morgen wurde, kam mein Nebenmann auf mich zu und sagte mir: „Hast du schon gehört, vor dem Erdbunker liegt ein Toter." Mürrisch gab ich ihm zur Antwort: „Was kümmert mich der Tote, ich kenne ihn nicht." Und bei diesem Satz wandte ich mich von ihm ab. Für mich war es keine Seltenheit, dass einer morgens tot von seiner Pritsche herausgetragen wurde. Die Gefangenen starben in unserem Lager wie die Fliegen. Aber dann kam nach einiger Zeit mein Landsmann, mit dem ich am Abend noch so froh gefeiert hatte. „Komm mit, ich muss dir etwas zeigen."

„Wie steht es mit dir? Willst du noch einmal Weihnachten feiern?", fragte ich ihn.

„Ja", erwiderte er und führte mich an die Pritsche, vor der wir am Abend zuvor gesessen hatten. Ich erschrak sehr. Da lag Peter, der Student, kreidebleich, aber ganz friedlich. Da merkte ich, dass es unser Hirte von gestern Abend war. Still und andächtig standen wir vor ihm. Noch einmal feierten wir die Heilige Nacht, dieses Mal aber ohne Worte. Jeder faltete für sich allein seine Hände und betete. Denn was der Student jetzt in der Herrlichkeit bei Gott sah, konnte er nun nicht mehr in Worte fassen. Er war zu Hause bei den Engeln und sang das große Halleluja mit den himmlischen Chören. Allem Leid war er entrissen.

Für mich wurde es Weihnachten

Nun waren wir schon zwei Jahre in russischer Gefangenschaft. In einem dichten Wald ganz in der Nähe eines kleinen Dorfes quälten wir uns mit riesigen Baumstämmen ab, die wir auf einen Lastwagen laden sollten. Unsere Hände waren schon ganz steif gefroren, weil die Seile total mit Eis bedeckt waren. Während wir uns schindeten, saßen die russischen Wachmänner an einem Feuer und rauchten.

Ab und an war es uns erlaubt, dass sich einer von der Gruppe lösen durfte, um an die Türen der russischen Bevölkerung zu klopfen und um etwas Brot und Kartoffeln zu betteln. Manchmal wurden ihm dann auch noch etwas Sauerkraut und eine eingelegte Gurke eingepackt. Sehnsüchtig wartete ich darauf, bis ich endlich auch an die Reihe kam. Nun war es so weit. An welche Tür sollte ich klopfen? Am besten war es, wenn wir bei den Ärmsten um ein paar Nahrungsmittel baten, denn sie verstanden uns sehr gut und hatten ein weites Herz. Zaghaft trat ich in eine Küche, als ich hereingebeten wurde. Ein kleiner Junge kam mir schon entgegengerannt: „Kamerad, willst du etwas zu essen haben?“ Und schon steckte er mir einige frisch gekochte Pellkartoffeln in meine Jackentasche. Auch sein Schwesterchen eilte auf mich zu und drückte mir zwei Scheiben Brot in die Hand. Heute war wirklich ein guter Tag für mich, dachte ich, denn es war Weihnachten und wir durften sogar ein paar Stunden eher ins Lager zurückfahren. Die beiden Kinder riefen auch ihre Mutter herbei. Als sie vor mir stand, sah ich sofort an ihrer Kette am Hals ein Kreuz hängen. Mit einem Lächeln zeigte ich auf das Kruzifix und fragte in einem Kauderwelsch von Russisch und Deutsch: „Christo jest?“ (Kennst du Christus?) Ganz spontan kam es über ihre Lippen: „Christo jest“ (Ja, ich bin Christ).

Dazu konnte ich nur hinzufügen: „Karascho, damoi Germany auch Christos jest.“ (Das ist gut. In Deutschland liebe wir auch Christus.)

Der jungen Bäuerin traten Tränen in die Augen und sie zeigte mir ihre ganze Liebe.

Der Name Christus verband mich mit der Mutter und ihren beiden Kindern. Die Frau füllte mir noch meine Manteltaschen mit lauter herrlichen Sachen. Ich wusste nun, dass für mich wirklich Weihnachten in der Fremde geworden war. Die innere Gemeinschaft mit dieser jungen Frau machte mich zutiefst glücklich. Fern in der Taiga hatte ich Christen getroffen. Als ich wieder zurück zu meinen Kameraden kam, war mir zumute, als käme ich aus einer anderen Welt, die sogar ein oft verzweifeltes Leben mit viel Leiden zur Freude erwecken kann. Jetzt war Jesus wirklich für mich geboren.

Ich bin ein Sonntagskind

In diesem Jahr war mir ein besonderes Glück beschieden. Mein Geburtstag fiel so kurz nach Weihnachten auf einen Sonntag und ich durfte nach dem Gottesdienst viele Segenswünsche entgegennehmen. Kräftig wurde mir meine Hand von den Besuchern gedrückt. Das hat mich natürlich mächtig gefreut. Ein besonderer Gruß wurde mir dann noch am Abend zuteil, als ich zur Andacht in die Landeskirchliche Gemeinschaft in unserem Stadtteil ging. Mein Mann hatte die Predigt übernommen und ich höre ihm immer gerne zu. Seine Auslegung war heute besonders mit einigen treffenden Beispielen gespickt, die mir hilfreich waren, meinen Alltag zu bewältigen. Unsere Tochter hatte an diesem Tag die Moderation übernommen.

Bei uns ist es Sitte, dass sich die Geburtstagskinder ein Lied wünschen dürfen. Ich wählte eines meiner Lieblingslieder. Es stammt aus der Feder einer Aidlinger Diakonisse. Diese Schwester habe ich persönlich kennengelernt und sie hat mir erzählt, welche Tiefen der Anfechtung sie in ihrem Leben durchstehen musste. Als sie ins Mutterhaus eintrat, war sie voller Frische und Gesundheit. In großer Freude und Gewissheit wusste sie sich von Gott berufen, ihm als Schwester im Reich Gottes zu dienen. Viele Menschen wollte sie in das Boot Jesu Christi ziehen und sich für ihren Herrn in der Verkündigung brauchen lassen. Aber leider kam alles ganz anders. Sie wurde fast gleich zu Beginn ihres Eintritts krank. Ihre Pläne vom fröhlichen Dienst für Christus musste sie begraben. Schwach und elend fühlte sie sich und beneidete die anderen jungen Schwestern, die mit intensivem Elan in ihrer Arbeit bei Kinderfreizeiten, Seniorenkreisen oder in der Bibelschule Dienst tun konnten. Oft war sie bekümmert und bedrückt und wusste nicht, wie ihr Lebensweg weitergehen sollte.

Aber eines Tages wurde sie von einer Mitschwester besucht. Sie hatte einen dicken Block und einen wunderschönen Stift für sie mitgebracht. Im Gespräch munterte sie die Kranke auf und sagte zu ihr: „Ich weiß von dir, dass Gott dir eine große Gabe geschenkt hat. Du kannst dichten. Ich habe den Eindruck, du solltest die stillen Tage in deinem Stübchen nutzen und gute Gedanken aufs Papier zaubern. Gott wird dir Gelingen schenken. Dessen bin ich gewiss. Greif zur Feder und schreib das nieder, was der Herr dir in den Sinn gibt."

Das war ein gutes Wort für die Kranke, das sie aus ihrer Trübsal herausriss und ihr tröstende Worte ins Herz gab. Eines ihrer vielen Lieder liebe ich besonders, und so wünschte ich es mir als Segensgruß von der Gemeinde:

Herr, weil mich festhält deine starke Hand, vertrau ich still.

Am Ende heißt es in dem Lied:

Seitdem ich weiß, dass sich dein Plan erfüllt, vertrau ich still. Seh ich nicht mehr als nur den nächsten Schritt, mir ist's genug! Mein Herr geht selber mit.

Anschließend grüßte mich meine Tochter mit einem Wort aus Psalm 92. Ich war über die Wahl ihrer Bibelstelle überrascht, denn ich feierte meinen 82. Geburtstag.

Mit deutlicher, kräftiger Stimme las sie Vers 13 bis 16 vor:

„Der Gerechte wird grünen wie ein Palmbaum, er wird wachsen wie eine Zeder auf dem Libanon.

Die gepflanzt sind im Hause des Herrn, werden in den Vorhöfen unseres Gottes grünen. Und wenn sie auch alt werden, werden sie dennoch blühen, fruchtbar und frisch sein, dass sie verkündigen, wie der Herr es recht macht; er ist mein Fels und kein Unrecht ist an ihm."

Anne-Ruth hob besonders hervor, welch eine Gnade Gott mir geschenkt habe, dass ich in meinen alten Tagen grünen darf wie ein Palmbaum. Auch wenn ich das biblische Alter längst überschritten habe, darf ich doch noch frisch und arbeitsfähig sein. Meine Tochter ist zugleich auch meine Chefin im Verlag der Francke Buchhandlung und wünscht sich von mir noch viele ermutigende, aufbauende und interessante Bücher, damit die Zahl der Leser immer mehr wachsen möge und sie Zuversicht in Gottes Macht und Hoffnung gewinnen. Vor allen Dingen freut sie sich, wenn ich Menschen einen frohen Ausblick auf Gottes neue Welt schenke und sie ermutige, dass das Schönste noch auf uns wartet, wenn wir in der Gefolgschaft Jesu bleiben. Das ewige Leben ist uns gewiss und am Himmelstor wird uns Jesus empfangen und wir dürfen ihn in seiner Herrlichkeit sehen. Leid, Schmerz, Not und Krankheit werden dann überwunden sein und wir dürfen unseren Herrn loben mit den Engeln in himmlischen Liedern und ihn anbeten.

„Mutti“, sagte sie, „ich freue mich darüber, dass dir Christus den Glauben an Gottes Glanz geschenkt hat.“

Ich habe mir dann gleich noch am Abend in meine Bibel das Datum meines Geburtstages an den 92. Psalm geschrieben. Mein Leben darf durch Gott sehr reich und froh sein, auch im Jahr 2016.

Streit an Heiligabend

Ja, so etwas gibt es auch in unserer Familie, und dazu noch an Heiligabend. Wir rüsten uns gerade, um das Fest für Bedürftige und Flüchtlinge auszurichten. Der 24. Dezember ist für uns immer der arbeitsreichste Tag des Jahres. Morgens stehen wir schon um vier Uhr auf, um fünf Eimer Kartoffelsalat vorzubereiten. Weil darüber hinaus auch noch der Saal zu richten ist, die Tische gedeckt und das Gebäck abgeholt werden muss, sind für mich und meinen Mann die frühen Morgenstunden sehr wichtig. Ich empfinde sie auch als überaus schön. Draußen ist noch alles sehr ruhig und in unserer Küche stört uns zu dieser Zeit kein Telefon. Wir genießen die gemeinsame Arbeit, kommen dabei ins Erzählen und freuen uns schon auf unsere vielen Gäste, denen wir eine wunderschöne Feier ausrichten und ihnen die schönste Geschichte der Bibel, nämlich die Geburt des Jesuskindes im Stall von Bethlem, erzählen dürfen. Aber heute läuft alles quer.

Ich bin verärgert und schiebe meinem

Mann die Schuld zu. Seine Aufgabe ist es nämlich, die in unserem Garten selbst angebauten Kartoffeln aus dem Keller zu holen, sie zu waschen und sie dann zum Kochen aufzusetzen. Mir bleibt dann das Schälen und Schneiden der Kartoffeln. Anschließend füge ich Gurken, Zwiebeln, Knoblauch und Äpfel hinzu. Natürlich darf ich Salz, Pfeffer und Mirakel Whip nicht vergessen. Darin sind wir nun schon fast ein halbes Jahrhundert geübt. Aber an diesem Morgen platzt mir vor Ärger fast der Kragen. Mein Mann hatte lauter kleine Kartoffeln heraufgeholt, weil er Ordnung in unserem Keller schaffen wollte. Ich sehe diese kleinen Dinger, manche sind nur so groß wie eine Nuss. Ich soll nun in kürzester Zeit die kleinen „kratzigen Kartoffeln“ verarbeiten. Doppelt so viel Zeit würde ich dafür brauchen. Und wie soll ich dann die vielen anderen Tätigkeiten noch bewältigen? Meine Wut darüber kennt keine Grenzen und die Schimpferei beginnt schon gleich beim Anblick des ersten Topfes, der mir in die Schüssel gefüllt wird. „Karl-Heinz, wie kannst du mir nur so winziges Kropfzeug auf den Tisch bringen? Nie und nimmer wird es mir gelingen, den Salat in vier

Stunden in die Eimer zu füllen. Du weißt doch, dass heute noch viel Arbeit auf mich wartet. Und nun muss ich mir fast die Finger wund schneiden, bis ich alles geschafft habe. Gerne hätte ich mich nach getaner Arbeit ein halbes Stündchen ausgeruht; denn ich habe am Abend die Programmleitung und muss auch noch die Predigt halten. Willst du mich heute am Christfest ärgern? Was hast du dir eigentlich bei deinem Tun gedacht?“ Mein Zorn wird noch heftiger, als mein Mann kein einziges Wort über die Lippen bringt und einfach schweigt. Wenn ich schimpfe, redet er kein einziges Wort, und das macht mich noch wütender. Erbost sitze ich da und schäle und schäle, schneide und schneide. Meine Arbeit wirkt recht langwierig und mühevoll. Gegen Mittag habe ich endlich alles geschafft. Der Salat wird in die Eimer abgefüllt und ins Auto getragen. Plötzlich steht mein Mann mit dem Losungsbüchlein vor mir:

„Lotte, hör mal, was heute in der Losung steht.“ Klar und deutlich liest er mir vor: „Ein Geduldiger ist besser als ein Starker, und wer sich selbst beherrscht, besser als einer, der Städte gewinnt.“ (Sprüche 16,32)

Und der Lehrtext lautet: *„Selig sind die Friedfertigen, denn sie werden Gottes Kinder heißen."* (Matthäus 5,9) Darunter steht dann noch eine bedeutsame Liedstrophe:

„Wir singen für die Liebe, wir singen für den Mut,
damit auch wir uns üben und unsre Hand auch tut,
was das Gewissen spiegelt, was der Verstand uns sagt,
dass unser Wort besiegelt, was unser Herz gewagt."

Jetzt geht mir ein Licht auf. Was habe ich nur mit meiner Schimpferei bezweckt? Und dann noch an Heiligabend? Wir wollen ein Fest für mehr als hundert Menschen vorbereiten, und ich falle dabei so aus der Rolle. Wie kann ich meiner Wut und meinem Zorn nur so freien Lauf lassen? Ich fühle mich sehr schuldig. So gehe ich auf meinen Mann zu und falle ihm um den Hals. „Karl-Heinz, verzeih mir bitte. Sei mir wieder gut. Es tut mir sehr leid, dass ich so hässlich zu dir war."

Mein Mann schließt mich fest in seine

Arme und drückt mir einen Kuss auf meine Stirn.

„Lotte, jetzt ist alles wieder gut!"

Wie elend wäre ich dran, wenn ich nicht um Gottes Vergeben und um das Verzeihen meines Mannes wüsste. Nie und nimmer wären die 59 Jahre unserer Ehe so glücklich verlaufen, wüsste ich nicht um dieses einmalige Vorrecht des Verzeihens und um die Liebe meines Mannes. Dies ist mir immer wieder ein Geschenk. Er findet ein gutes, hilfreiches Wort, wenn ich mich in meinem Temperament nicht beherrschen kann. Ganz neu werde ich dankbar, dass mir Gott einen so liebevollen und geduldigen Partner an meine Seite gestellt hat.

„Ich will mich verbessern", flüstere ich meinem Mann ins Ohr und gebe ihm einen herzhaften Kuss auf die Wange.

Nun ist die Bahn wieder frei und wir rüsten uns für einen gesegneten Heiligabend.

Am Schluss der Feier tritt noch eine ältere Dame beim Verabschieden auf mich zu und sagt: „Nicht wahr, Frau Bormuth, Sie werden noch nicht so bald sterben. Ich will doch nächstes Jahr wieder mit Ihnen die Christnacht feiern."

Ich lächele meinen Gast an und antworte: „Ja, ich würde mich sehr freuen, wenn auch Sie gesund bleiben und wir wieder miteinander solch ein herrliches Fest wie Weihnachten feiern können. Aber Sie wissen doch, unser Leben ruht in Gottes Hand."

Das Geheimnis der Weihnacht

Dieser Bericht stammt aus einem Brief, den Matthias Frey seinen Freunden und Mitarbeitern als Gruß zu Weihnachten geschickt hat. Herr Frey ist Direktor der Theologischen Hochschule in Tabor in der schönen Stadt Marburg. Er hat mir erlaubt, seinen Brief in meinem Buch wiederzugeben. So schreibt er:

Liebe Bormuths,
Weihnachten ist und bleibt ein Geheimnis. Einerseits wird da in einem abgelegenen Winkel der Welt ein unbekanntes Kind geboren. Fast niemand nimmt Notiz davon. Wieso auch? Seine Eltern sind weder prominent noch betucht. Die Unterkünfte sind wegen der anstehenden Volkszählung völlig ausgebucht. So etwas kommt ständig und überall vor in den Flüchtlingslagern und Asylheimen dieser Welt. Die Schranken sind dicht, die Türen zu: „Wir sind voll, wir schaffen das nicht. Unser Kontingent ist erschöpft.“ Ich bin mir sicher: Hätte jemand

geahnt, dass der Messias Israels und der Retter der Welt bei ihm Unterschlupf sucht, hätte man alles möglich gemacht und man wäre in der Wohnung zusammengerückt.

Auch andere Begleitumstände waren sehr merkwürdig. Propheten hatten den Geburtsort, die Verwandtschaft und den Namen des Kindes schon lange vorher prophezeit. Hirten vom Feld erzählen von Engelserscheinungen und fallen vor dem Kind auf ihre Knie. Maria erwähnt einen Engel und spricht von einer jungfräulichen Geburt. Joseph bekommt genaue Reiseanweisungen im Traum. Forscher aus dem Osten kommen über die Morgenlandroute, um dieses Kind zu bestaunen und fürstlich zu beschenken.

Das eigentliche Weihnachtsgeheimnis lautet: „Gott verbirgt sich in diesem Menschenkind. Er will bei den Menschen wohnen. Er zieht in einen Unterstand und teilt sich den Platz mit Tieren, obwohl ihm das Universum gehört. Gott zieht zu uns Menschen, auch wenn wir gar nicht mit ihm rechnen oder ihn erst recht nicht vermissen. Gott wird Mensch, weil er mit uns leben will, mehr noch, weil er für uns leben und sterben will. So sehr liebt er uns."

„Wie viele ihn aber aufnahmen, denen gab er Macht Gottes Kinder zu werden." So steht es in Johannes 1,12.

Gott wird ein Menschenkind, damit aus uns Gotteskinder werden können.

Weihnachten bleibt ein unergründliches Geheimnis, aber eines, von dem wir in Tabor, unserem Unterrichtsseminar, gern erzählen, zu dem wir einladen und für das wir uns mit Leidenschaft einsetzen. Denn noch viele Menschen wissen nicht, was sie verpassen, wenn sie Gott nicht bei sich wohnen lassen.

Leben in der Sonne mit ihrer Pracht

Nein, das ist wirklich keine nette, schöne Geschichte, die ich erzählen will. Von Ärger, Ungeduld und Wut will ich sprechen. Aber so ist es bei mir gewesen und ich habe daraus meine Lehren gezogen. Es war Anfang Dezember. In den Vorweihnachtstagen sind die Straßen in unserer Stadt festlich geschmückt. Lichterketten zieren die Bürgersteige und vor allem strahlen die Schaufenster in herrlichem Glanz. Auch in unserem Stadtteil freue ich mich über die wunderschönen Tannenbäume. Viele Fenster sind hell erleuchtet und Engelsfiguren und Schwippbögen berühren mein Herz. Sie machen mir bewusst, dass die schönste Zeit des Jahres angebrochen ist, die uns durch die Geburt Jesu Christi geschenkt wird.

Mir aber geht es augenblicklich genau gegenteilig. Ich könnte vor Wut explodieren. Ich trete aus unserer Haustür und sehe plötzlich vor unserem Haus einen Berg von

Sperrmüll auf unseren Blumenbeeten. Wer hat nur unseren Vorgarten und damit auch unser Haus so verschandelt? Ich suche den Übeltäter und erwische Jörg, der gerade noch einen Sack mit kaputten Lampen zu den anderen Sachen hintragen will. „Was ist hier los?", frage ich ihn in nicht gerade freundlichem Ton.

„Frau Bormuth, bitte regen Sie sich nicht so auf. Ich wusste nicht, wohin ich meine alten Möbel stellen sollte. Mein Opa hat mir ein neues Zimmer eingerichtet und mir auch alle Möbel gekauft. Da wusste ich nicht, wohin ich das alte Mobiliar stellen sollte. Deshalb habe ich alles in Ihren Vorgarten gebracht. Dort haben Sie noch Platz genug. Aber noch vor Weihnachten, am 17. Dezember, wird der Sperrmüll abgefahren."

Diese Auskunft beruhigt mich etwas und ich bin davon überzeugt, dass dann wieder vor unserem Haus Ordnung herrscht. Denn der Anblick von all dem Unrat ist entsetzlich. Die Spaziergänger werden sich wundern, warum vor einem neuen Haus ein schäbiges Schränkchen, ein ausrangiertes altes Sofa, zwei Stühle, ein Fernseher, zwei Teppiche und mehrere Säcke mit alten Schuhen, zerrissenen Kleidern und einem kaputten Regenschirm stehen.

Der 17. Dezember ist aber schon längst vorbei und noch immer schmückt das unansehnliche Inventar unsere Blumenbeete. Ich spreche mit Jörg über mein Problem. „Ach, Frau Bormuth, ich muss mich bei Ihnen entschuldigen, denn ich habe vergessen, die Postkarte für die Müllabfuhr in den Briefkasten zu werfen.“

„Also hast du mich belogen. Der 17. Dezember ist nur eine Erfindung von dir. Bitte, lüg mich nicht mehr an. Sag mir die Wahrheit, wenn du schon so etwas Dummes im Schilde führst.“

Mit diesen scharfen und energischen Worten lasse ich den jungen Mann stehen und gehe wieder in meine Küche. Ich will mich nicht mit ihm in längere Streitgespräche einlassen, sonst ufert meine Wut noch aus. Aber meinen Mann bitte ich, für Jörg sofort einen Antrag auf Sperrmüllabfuhr zu stellen. Natürlich weiß ich, dass wir nun mindestens vier Wochen auf einen neuen Termin warten müssen. Dann ist die festliche Weihnachtszeit schon längst vergangen. Kurze Zeit danach erhalte ich die Mitteilung, dass die

Müllabfuhr für den 25. Januar festgesetzt ist. Das ist eine schöne Bescherung. Jedes Mal, wenn ich aus dem Haus gehe, wechsle ich von nun an die Straßenseite. Ich kann es einfach nicht ertragen, wenn ich den Unrat im Garten sehen muss.

Kurz vor dem 25. Januar bitte ich Jörg, mit seinem Freund die alten Möbel bis an den Straßenrand zu tragen, denn die Müllmänner werden die zum Teil schweren Sachen nicht von unseren Beeten holen. Dreimal erinnert mein Mann Jörg an diese Arbeit, ohne dass er einen Finger krumm macht. Kurze Zeit später sehe ich, dass er mit seinem Freund zur Bushaltestelle geht und in die Stadt fährt. Draußen wird es schon dunkel. Ich bin empört. Auf diese Weise entzieht sich Jörg der Arbeit. Mir bleibt nur übrig, selbst Hand anzulegen. So bitte ich unsere Flüchtlinge aus Somalia, die wir in unserem Haus aufgenommen haben, mir zu helfen, denn für meinen Mann und mich sind manche Gegenstände viel zu schwer. Zacharias, Ismael und Mohammed – drei bärenstarke junge Männer – kommen auch sogleich und packen tüchtig mit an. In wenigen Minuten stehen alle Sachen direkt an der Straße. Eine

Belohnung drücke ich ihnen in die Hand. Aber auf Jörg bin ich noch sehr ärgerlich. Würde er mir jetzt über den Weg laufen, dann müsste er sich von mir eine saftige Strafpredigt anhören. Doch allmählich finde ich zur Ruhe.

Am nächsten Morgen bei meiner Bibellese entdecke ich eine treffende Wahrheit. In Israel gab es viele Schwierigkeiten und hässliche Bedrohungen unter dem Gottesvolk, bis Debora kam und den Menschen zu einer Mutter wurde. Über diese Verse muss ich nachdenken. Hilfreiche Erkenntnisse werden mir durch diese Worte der Heiligen Schrift zuteil. In bedrängenden, ja aufregenden Situationen ist es gut, darüber immer mindestens eine Nacht vergehen zu lassen. Es ist auch hilfreich, wenn ich wie Debora eine Mutter in Christus werde. Wie sie will auch ich handeln. Das wird mir durch die Bibel bewusst. Ich sehe ein, wie labil Jörg in seinem Verhalten ist. Mein Schimpfen und Schreien würden ihn gar nicht erreichen. Geistig ist er sehr schwach. Ich will ihn, der ja keine Mutter hat, die sich um ihn kümmert, annehmen als einen seelisch behinderten Menschen, der meine Hilfe braucht.

Nur so kann ich für ihn wirklich eine Mutter in Christo werden.

Einen wahren Trost empfange ich vom letzten Vers des fünften Kapitels aus dem Richterbuch. Dort heißt es: „Die Gott lieben, müssen sein wie die Sonne, die aufgeht in ihrer Pracht." Ich will mich nicht vom Zorn, von Ungeduld und Wut regieren lassen, sondern Heilung von meinem sündigen Wesen erfahren und dann auch den Trost Christi in meinem Herzen aufnehmen. Es ist mir eine Hilfe, wenn ich auch dem Wort der Jahreslosung für 2016 vertraue. Dort heißt es: „Ich will euch trösten, wie einen seine Mutter tröstet." Wie lange werde ich wohl noch brauchen, bis ich die Art Jesu annehmen und den Schwachen und Elenden in dieser Welt wirklich Mutter sein kann? Welch hohe Berufung wird mir durch den Zuspruch Jesu zuteil!

Das zerschlissene Portemonnaie

Einer unserer Obdachlosen hat seine Schlüssel verloren. Nun kommt er nicht mehr in sein Zimmer und ist sehr ärgerlich darüber. Mein Mann aber kann ihm seine Tür mit einem Zweitschlüssel öffnen. „Gut, Herr Bormuth, dass Sie mir helfen. Nun darf ich wieder in meinen eigenen vier Wänden sein.“ Mein Mann verspricht ihm, zum Geschäft zu fahren, um ihm neue Schlüssel zu besorgen. Schon am Nachmittag hat er wieder eigene Schlüssel in seinen Händen. Er kommt auch sofort zu uns herüber, um sie zu bezahlen. Aus seiner Hosentasche holt er sein Portemonnaie. *„O weh, o weh!“*, muss ich denken. Ganz zerschlissen ist sein Geldbeutel. Die Zehn- und Zwanzig-Euro-Scheine hängen schon an der Seite heraus. Mir ist es ein Wunder, dass er sein Geld, seinen Ausweis und seine Krankenkassenkarte noch nicht verloren hat. Plötzlich fällt mir ein, dass ich ja noch ein ganz neues, ledernes Portemonnaie in meinem Nachtschränkchen liegen habe. Es war für den Geburtstag meines Mannes bestimmt, der sich aber nicht von seiner alten Geldbörse trennen wollte. Ich hole das schon längst vergessene Stück herbei und drücke es Manfred in die Hand. „Nehmen Sie es als ein Geschenk zu Weihnachten, damit Sie ja nicht Ihr Geld auch noch verlieren."

Der Mann weiß nicht recht, ob er zugreifen soll. „Bitte legen Sie Ihre Scheckkarte, Ihren Pass und Ihre Moneten hier herein. Ihr altes können Sie nun entsorgen." Manfred staunt über sein Geschenk und zögert noch immer. Er kann es gar nicht fassen, dass es für ihn bestimmt ist. Ein schüchternes, leises Dankeschön flüstert er mir zu und diese geringe Gabe zaubert sogar ein Lächeln auf sein Gesicht.

Mindestens drei Jahre hatte diese Geldbörse unnötig in der Schublade gelegen und heute hat sie auch mich glücklich gemacht. Am Abend erfreut mich noch ein Anruf eines Freundes. Er ist vor noch gar nicht langer Zeit Christ geworden. Ich erzähle ihm die kleine Geschichte von der Geldbörse und füge noch hinzu: „Wie gerne hätte ich den drei anderen Tippelbrüdern auch ein so schönes Geschenk gemacht."

„Oh“, sagt unser Freund, „in meinem Schreibtisch liegen noch einige Portemonnaies, die ich im Laufe der letzten Jahre zu Weihnachten von meinen Kindern und meiner Frau erhalten habe. Ich brauche sie aber nicht. Mit dem nächsten Päckchen landen sie bei Ihnen. Machen Sie Ihren anderen Untermietern auch eine Freude damit.“

Mir hat es Spaß gemacht, auch meine anderen Obdachlosen beglücken zu können. Mir kam ein Wort der Bibel in den Sinn, als ich über diese Geschenke nachdachte. Da steht in 2. Chronik 25,9: „Der Herr hat noch mehr, das er dir geben kann, als dies.“ Ist das nicht großartig?

Die Madonna von Stalingrad

Das Bild von der Madonna von Stalingrad, gemalt von dem Pfarrer, Arzt und Maler Dr. Kurt Reuber, beeindruckt mich zutiefst. Es ist in notvoller, bedrängender Zeit Weihnachten 1942 entstanden. Im Zweiten Weltkrieg starben in der so schwer umkämpften Stadt Stalingrad viele deutsche, aber auch russische Soldaten. Die sechste deutsche Armee war umzingelt von ihren Feinden und es gab kein Entkommen mehr. In namenlosem Leid wollte Dr. Reuber seinen Kameraden zum Tag der Geburt Christi für ihr aussichtsloses Leben eine Freude machen und ihnen Geborgenheit bei Gott vermitteln. So zeichnete er die Madonna von Stalingrad, wahrscheinlich soll sie die Mutter Maria darstellen, die ihr Neugeborenes, den Heiland der Welt, in ihren Armen hält. Mit diesem Kunstwerk sollen seine Soldaten die Botschaft des Weihnachtsevangeliums hören, die die Engel den Hirten zugerufen haben: „Euch ist heute der Heiland geboren." Umrandet ist das Bild von den Worten Licht,

Leben und Liebe. Ja, Gott ist und bleibt Liebe, auch in aller notvollen Bedrängnis. Leben will uns unser Erlöser geben, sogar ewiges Leben, und göttliches Licht soll in unsere Dunkelheit hineinleuchten und es in uns wieder hell werden lassen. Wo wir meinen, das Dasein nicht mehr ertragen zu können, weil es so von Elend und Aussichtslosigkeit erfüllt ist, sollen doch die Menschen vom Segen des himmlischen Vaters umgeben sein.

Von kaum einem Bild, das Menschen im Zweiten Weltkrieg gemalt haben, geht eine solch beeindruckende Faszination aus wie von der Madonna von Stalingrad. Seit 1983 hängt dieses Bild in der Kaiser-Wilhelm-Gedächtniskirche in Berlin. Bischof Dibelius hat dazu eine Gedenktafel gestiftet, die uns an die Schrecknisse des so sinnlosen Krieges und seine vielen Opfer erinnern soll. Die Tragödie von Stalingrad hätte verhindert werden können, wenn Hitler der Kapitulation zugestimmt hätte, denn der Kampf der deutschen Armee war hoffnungslos verloren. 200 000 deutsche Kämpfer waren durch die russischen Truppen eingeschlossen worden. Sowjetische Flugblätter, die in der Festung Stalingrads abgeworfen worden waren, hatten dazu aufgefordert, dem Krieg ein Ende zu bereiten. Die sechste deutsche Armee sollte endlich ihre Waffen niederlegen, denn jede Gegenwehr hätte keinen Sinn mehr gehabt. Es fehlte an Lebensmitteln, Transportmitteln, Treibstoff, Munition und warmer Kleidung, Auf diesem Flugblatt waren die Bedingungen dieser Kapitulation recht maßvoll angeboten worden. Die deutschen Soldaten sollten ihre Uniformen und ihre im Kampf gewonnenen Ehrenzeichen behalten dürfen. Medizinische Betreuung war ihnen zugesichert. Jeder gefangene Soldat dürfte in seine Heimat zurückkehren. Aber der Führer traute den Versprechungen nicht und so sollte unbedingt bis zum letzten Atemzug gekämpft werden. Deutschland würde doch siegen, denn andere Truppenteile würden die feindliche Einkesselung sprengen. Mit diesen Parolen sollte die Wehrmacht Mut gewinnen. So wurde die von den Generälen geforderte Handlungsfreiheit, dem Krieg ein Ende zu setzen, strickt abgelehnt. Bei Hitler zählte nur noch durchhalten bis zum Sieg, koste es, was es wolle. Auf keinen Fall war er bereit, erobertes Gebiet aufzugeben. Bei seiner Neujahrsansprache 1943 hatte er noch versprochen, die sechste Armee mit Flugzeugen aus dem Kessel herauszuholen, was aber ein unmögliches Unterfangen blieb. Bald würde es ja auch Frühling werden und die Krise von Stalingrad würde in einen großen Sieg verwandelt werden. Solche leeren Versprechungen konnten nur aus dem Munde eines Wahnsinnigen kommen. Selbst die Verwundeten konnten nicht mehr ausgeflogen werden. So schrieb ein Sterbender mit letzter Kraft in seinem Brief, der noch bei seiner Familie ankam, erschütternde Zeilen: „Im Zelt liegen noch über 80 Mann, draußen auf dem Feld aber ungezählte Kameraden. Durch das Zelt hört man ihr Schreien und Stöhnen. Und keiner kann ihnen helfen. Neben mir an der Wand liegt ein Landser aus Breslau. Er hat nur noch einen Arm und keine Nase mehr, und er sagte mir, dass er jetzt keine Taschentücher mehr brauche. Als ich ihn gefragt habe, was er machen würde, wenn er weinen müsste, gab er mir zur Antwort: „‚Alle hier, auch du und ich, kommen gar nicht mehr zum Weinen. Um uns werden andere bald weinen.‘“

So sah die Situation in der Schlacht um Stalingrad aus. Ich will dem Elend nicht mehr Worte geben, sondern über die Madonna von Stalingrad berichten. Auch über das Leben dieses außerordentlich begabten und tapferen Mannes Dr. Kurt Reuber will ich berichten.

Von Beruf war er Pfarrer, Maler und Arzt. Am 26.5.1906 ist er in Kassel geboren. Sein Elternhaus war von einer pietistischen Frömmigkeit geprägt. Da er vielseitig talentiert war, bedrängte ihn nach dem Abitur die Frage, welchen Beruf er ergreifen sollte. Theologie und Medizin waren seine wichtigsten Berufswünsche. Seine Lehrer aber wollten ihn dazu bewegen, die Kunstakademie zu besuchen, da ihn gerade auf diesem Gebiet hervorragende Gaben auszeichneten. Aber dann zog es ihn doch zum Studium der Theologie. Nach seinem zweiten Examen promovierte er bei Professor Heiler in Marburg. Aber neben der Theologie beschäftigte ihn auch das Medizinstudium und an den Abenden besuchte er dazu noch die Kurse der Malerei bei Professor Giebel. In dieser Zeit lernte er den Theologen und Mediziner Albert Schweizer kennen, mit dem ihn eine jahrelange Freundschaft verband. Dies war für Kurt Reuber eine entscheidende Begegnung, die ihn schließlich dazu führte, den Beruf des Arztes und des Pfarrers zu ergreifen. So hoffte er, den Menschen am wirkungsvollsten helfen zu können.

Seine Vikariatszeit begann für ihn in Loshausen in der Schwalm und anschließend verbrachte er den Rest seines Vikariats an der Universitätskirche in Marburg. Nachdem er das zweite Examen bestanden hatte, wurde er Pfarrer in Nordhessen. In Wichmannshausen im Kreis Eschwege war nun seine neue Aufgabe in der Gemeinde. Gott segnete seine Verkündigung des Evangeliums in reichem Maße. Der Kirchenbesuch nahm zu und Reuber kümmerte sich besonders um Kranke und Alte, denen er seelsorgerlichen Zuspruch in ihrem Elend vermittelte.

Schwierig wurde seine Arbeit, als bekannt wurde, dass er dem Nationalsozialismus nicht zugetan war. Seine Predigten wurden abgehört und daraus ergaben sich vielfältige Konflikte. So wurde er mehrfach zu Verhören abgeholt. Ihn hat das sehr belastet. Aber seine Glaubenszuversicht und sein inniges Verhältnis zu Jesus erlaubten ihm nicht, Verbindungen mit den Nazis einzugehen. Er sah darin seine Aufgabe, den Bekümmerten

Trost zu spenden und sich der Kranken anzunehmen. Aus diesem Grunde setzte er sein Medizinstudium an der Göttinger Universität fort. Das war nur möglich, weil er in seiner Frau eine tatkräftige Unterstützung fand, die in seinem Kirchspiel eine Reihe von Aufgaben übernahm. 1938 gelang es ihm, sein Medizinstudium zum Erfolg zu führen und er promovierte noch im gleichen Jahr zum Doktor der Medizin. Nun hatte Reuber sein angestrebtes Ziel erreicht. Er konnte zugleich als Arzt und Seelsorger den Dienst in seiner Gemeinde ausführen. Aber schon im Oktober 1939 wurde Reuber zum Militärdienst einberufen und im Balkanfeldzug eingesetzt. Er war jetzt nicht mehr Gemeindepfarrer, sondern in Rumänien, Bulgarien, Serbien und Griechenland in Kriegslazaretten tätig. Dort wurde er auch selbst verwundet. Als er sich von seinen Verletzungen wieder etwas erholt hatte, begann er damit, Aquarelle von Menschen und Landschaften zu malen. Aber diese Zeit war nur kurz bemessen, denn er wurde an die russische Front versetzt. Seine zusätzliche Arbeit als Seuchenarzt brachte ihn auch in Verbindung mit der russischen Bevölkerung. So wurde er für diese Leute ein wahrer Helfer. Es war nicht nur ihre Krankheit, die er zu heilen versuchte, sondern seine Aufgabe bestand auch darin, sie mit Lebensmitteln zu versorgen, weil der Hunger in der russischen Bevölkerung so groß war, dass das Leben der Menschen bedroht war. So wurde er seinen Kranken zum Helfer und Freund.

Er entdeckte, dass sich zwischen den Menschen und der Politik in ihrem Land ein klaffender Gegensatz gebildet hatte. Helfen und Heilen war seine Devise. Aber das riesengroße Leid und das entsetzliche Geschehen im Krieg haben ihn immens belastet.

Im Zeichnen fand er einen Ausgleich für seine Not. Er sagte in einem Gespräch: „Es ist schwer, in einem fremden Land den so fernen, undurchschaubaren Menschen gerecht zu werden. Welches Maß an Selbstzucht und Selbstüberwindung gehört dazu, um die Frauen, Männer und Kinder nicht nur nach ihrer äußeren Erscheinung zu beurteilen, sondern sie ihrem Gehalt nach zu erfassen und sie mit reinen Augen zu schauen, das heißt ohne jede böse oder gute Voreingenommenheit.“ Seine Krankenstation hat er oft Elendsatelier genannt. So sagte er:

„Schwangere Frauen mit einem kleinen Kind auf dem Arm, mit Bettelsack und Lumpen und am Rockzipfel die etwas größeren Kinder, die auch schon ihr Päckchen tragen, sind mir täglich vor Augen. Sechzig Kilometer gehen sie im Schlamm zu Fuß, heimatlos, und sind auf der Suche nach Brot, das sie am Tage des Bettelns bereits verzehren. Ihre Männer sind im Krieg untergegangen. Aber der schöne und liebe Säugling lacht mich an in all seinem Elend, und die Mutter freut sich darüber, wenn ich ihr sage, dass das Kind schön sei. Eine Halbblinde, die ich zeichnete, zieht mit ihrem zehn Tage alten Kind und ihrem völlig blinden Mann durch die Steppe. Sie ist fast verhungert. Das sind so tägliche Bilder. Die Hungersnot wird immer größer."

Einmal saß er auf einem Bett, das mit Flöhen und Läusen übersät war. Still schaukelte er das kranke Baby, das er mit einer Hand auf seinen Knien hielt, während er mit der anderen Hand das Kind zeichnete. Um ihn herum stand eine größere Anzahl von Kindern. Mäuschenstill betrachteten sie sein Bild.

Fast erdrückt hat ihn das Kriegsgeschehen,

und das Leid legte sich schwer auf seine Seele. Etwa 150 Kohlezeichnungen entstanden in dieser Zeit des Russlandfeldzugs. Meist waren es neben einigen Landschaftsbildern Männer, Frauen und Kinder. Auf ihren Gesichtern spiegelt sich das unsägliche Leid. Viele Bilder von Kurt Reuber sind erhalten geblieben, weil er sie mit dem Flugzeug nach Hause geschickt hat. So wurden ihm die sonst feindlichen russischen Gestalten zu Freunden in der Not. Am 1. Advent 1943 zeichnete er die verzweifelte Lage Stalingrads, das von russischen Truppen eingeschlossen war. In einem Brief, der noch mit einem der letzten Flugzeuge seine Familie erreichte, heißt es: „Schwere, schwere Tage einer bis dahin unbekannten Situation liegen hinter mir. Angst, Furcht und Schrecken, düstere Blicke in ein Leben ohne Wiederkehr mit Schrecken ohne Ende." Er sah den sicheren Tod vor Augen und ahnte, dass er seine Heimat, seine Frau und seine drei Kinder nie mehr wiedersehen würde. In dieser Lage entstand das Bild von der „Madonna von Stalingrad".

Eine Lehmhöhle war sein Atelier. Fiel ihm ein Stift mal aus der Hand, dann musste er ihn im Dreck so lange suchen, bis er ihn gefunden hatte. Ihm fehlte auch die rechte Unterlage. Als Grundlage für seine Zeichnung diente ihm eine russische Landkarte, die er auf der Rückseite bemalte. Aber während er seine Zeichenkunst auf das Papier zauberte, erfüllte ihn ein Glücksgefühl. Das Kind und der Kopf der Mutter sind zueinander geneigt und werden von einem weiten Tuch umschlossen. Dadurch soll die Geborgenheit ausgedrückt werden, wenn ein Kind in den Armen seiner Mutter ruhen darf.

Drei Worte bewegten seine Sinne bei seiner Arbeit: Licht, Leben, Liebe. Darin sah er die Sehnsucht seiner Kameraden und auch der russischen Bevölkerung, die nur Hass, Finsternis und den Tod vor Augen hatte. Frieden und Geborgenheit wünschten sich die Menschen in ihrer unermesslichen Not. In der Botschaft von Weihnachten kam diese Wahrheit zum Tragen, als die Hirten in den Gesang der Engel mit einstimmten:

„Euch ist heute der Heiland geboren, welcher ist Christus der Herr!“ Dort in Bethlehem im Stall bei Ochs und Esel erblickte das Christuskind das Licht der Welt, das den Menschen auch in fatalen, bedrängenden Zeiten Licht, Leben und Liebe bringt. Nur so kann in den betrübten Herzen Frieden einkehren.

Als Reuber dieses Bild fertiggestellt hatte und die zermürbten Soldaten in den Bunker eintraten, wurden sie von dem Wunder ergriffen, das das Bild ausstrahlte. Schweigend, andächtig, ja bis ins Innerste ergriffen standen sie vor dieser Madonna und ihrem Kind. Sie ließen so das Bild lange auf sich wirken. Im klaren Schein der Kerzen lasen sie auch die Worte: Licht, Leben, Liebe. Ein Strahl des handelnden Gottes fiel auf ihr Angesicht und es wurde auch im Kessel von Stalingrad Weihnachten. Sogar der Regimentsarzt empfand die Freude, die Reuber seinen Kameraden inmitten des Elends bereitet hatte, und dankte ihm dafür. Wenig später malte er im fahlen Licht der Karbidlampe noch ein Bild von sich selbst, damit seine Familie einen lieben Gruß von ihm in der Heimat erwarten durfte. Der Kommandeur war bereit, dieses Bild in seinem letzen Flugzeug mitzunehmen. So gelangten „Die Madonna von Stalingrad", „Das Selbstbildnis" und noch einige andere Bilder aus dem Kessel von Stalingrad in die Heimat. Sie wurden seiner Frau in Wichmannshausen übergeben.

Kurz darauf geriet Reuber in russische Gefangenschaft. Es gelang ihm, im Lager weiterzumalen. Zum Weihnachtsfest entstand ein zweites Bild, das „Die gefangene Madonna" genannt wurde. Später hat ein Soldat, der in die Heimat entlassen wurde, dieses Bild mit der Todesnachricht vom allzu frühen Sterben von Kurt Reuber an seine Frau übergeben. Er ging am 20. Januar 1944 im Gefangenenlager von Jelabuga in der Tatarenrepublik in die obere Heimat zu Gott und wurde aus allem Elend und aller Not in die himmlische Herrlichkeit versetzt. Er starb als ein Mann, dessen Ziel es war, im Dienst an den Menschen sein Leben einzusetzen.

Der Schlüssel passte nicht

Manchmal geschehen auch merkwürdige Dinge. Es ist bei unserer Feier für Bedürftige und Flüchtlinge üblich, dass wir sie nach Ende unseres Festes nach Hause fahren; denn zu solch später Stunde fährt kein Bus mehr und ein Taxi können sich die Bedürftigen nicht leisten. Meist sind es junge Männer, die den Fahrdienst übernehmen. Aber an einem Abend geschah uns ein Malheur. Ein Student rief bei mir an und erzählte von seinen Schwierigkeiten: „Frau Bormuth, in meinem Auto sitzt Frau Meier. Hulda Meier heißt sie und wohnt auf dem Richtsberg. Nun suche ich schon über eine Dreiviertelstunde ihre Wohnung. Sie hat die Hausnummer vergessen und weiß nicht mehr, in welchem dieser Hochhäuser sie wohnt. Ich irre von einem Stockwerk zum andern und versuche ihre Tür aufzuschließen. Aber kein Schlüssel passte bisher. Ich weiß nicht, was ich noch tun soll. Die ganze Sache ist mir auch peinlich, wenn ich an fremden Schlössern hantiere. Man könnte mich für einen

Einbrecher halten. Ich bin ziemlich ratlos. Diese Frau war schon mehrmals auf unserer Heiligabendfeier. Aber nun finde ich ihre Bleibe nicht mehr. Ich müsste sie irgendwo für die Nacht unterbringen."

„Ja, Manfred, das kann einem älteren Menschen schon mal passieren, dass er nicht mehr weiß, wo er hingehört. Bringen Sie die alte Dame zu uns. Ich richte ihr ein Bett in unserem Wohnzimmer. Dann kann sie die Nacht bei uns verbringen. Morgen, wenn es hell wird, ist es leichter, ihre Wohnung zu finden. Wir wohnen in Cappel, Sperberweg 8 a. Ich warte auf Sie."

Während ich das Bettzeug herbeihole, kommt mir ein guter Gedanke in den Sinn. Ich sollte mal bei der Polizei nach der richtigen Wohnung für Frau Meier nachfragen, und schon wähle ich die Nummer 110. Der diensthabende Polizist ist sehr freundlich am Telefon und fragt mich: „Können Sie mir sagen, wie der Vorname dieser Frau Meier lautet? Denn Meier ist ein sehr häufiger Name."

„Sie heißt Hulda."

„Oh weh, in unserer Kartei finde ich diesen Namen gleich zweimal", erklärt mir der Polizist. „Aber können Sie mir mitteilen, ob es sich um einen älteren oder einen noch jüngeren Menschen handelt?“

„Ich vermute, diese Frau gehört zur älteren Generation.“

„Dann wohnt sie in dem Hochhaus Nummer 23 am Richtsberg, dritter Stock.“

Das Problem scheint gelöst zu sein. Als fünfzehn Minuten später der Student mit seiner Mitfahrerin vor unserer Haustür hält, nenne ich ihm die richtige Adresse und er setzt sich auch wieder schnell mit seinem Auto in Bewegung. Kurze Zeit später meldet er sich noch einmal bei mir. „Frau Bormuth, heute Nacht haben Sie einen Menschen sehr glücklich gemacht. Die alte Dame strahlte über das ganze Gesicht, als ich sie in ihr Wohnzimmer führte. ‚Ach wie schön!‘, rief sie aus, ‚nun kann ich wieder in meinem eigenen Bett schlafen. Vielen Dank. Aber dieser Abend hat mir eine richtige Lehre erteilt. Ich werde nie mehr ohne meinen Personalausweis das Haus verlassen.‘“ Dabei drückte sie ihrem Fahrer die Hand und auch der Student war zufrieden, dass er wieder nach Hause fahren konnte. Schon mehrmals haben wir Schlafgäste von unserer Feier in unserem Haus nächtigen lassen. Ich denke dabei an einen jüngeren Mann. Er saß am Heiligabend neben mir an meinem Tisch und stellte sich mir mit seinem Namen Adam vor. Als ich ihn fragte, wo er denn wohne, gab er mir zur Antwort: „Im Botanische Garten.“ Ich war verwundert und sagte spontan: „Wie, sind denn dort jetzt auch schon Häuser gebaut worden?“

„Nicht Häuser, was du meinen. Ich schlafen auf Parkbank!“

„Aber das geht doch nicht! Draußen ist es jetzt viel zu kalt. Wir haben augenblicklich Temperaturen von minus 13 Grad. Adam, heute Nacht wirst du bei uns bleiben.“ Wir verlebten einen schönen Christabend zusammen. Adam half mir noch am Ende beim Aufräumen unseres Saales und schleppte die Tische wieder aus dem Raum. Stark wie ein Bär war er. Anschließend fuhren wir zu späterer Stunde wieder heim. Erst an unserer Haustür wurde mir bewusst, dass ich gar kein Bett für unseren Freund aus Polen hatte. An Weihnachten kommen auch unsere Kinder mit ihren Familien nach Hause und da ist jede Schlafstätte belegt. Aber zum Glück fiel mir ein, dass wir im Heizungskeller noch eine Matratze stehen hatten. Adam holte sie herauf und legte sie in die Küche. „Oh, das ist aber schön warm hier“, freute er sich. Schnell bezog ich Steppdecke und Kissen, und dann legte sich unser Gast gleich zum Schlafen nieder. Er war hundemüde.

Am nächsten Morgen weckte ich unseren Freund recht früh und bat ihn, seine Schlafgelegenheit wieder in den Keller zu schaffen. Dann lüftete ich meine Küche, denn in einer Stunde wollten wir alle gemeinsam hier frühstücken. Für Adam ließ ich Wasser in die Wanne laufen und richtete ihm ein herrliches Bad. Außerdem legte ich ihm frische Wäsche auf den Stuhl. Dann bat er mich, ich möchte ihm noch die Haare schneiden und seinen Bart stutzen. Das hatte ich zwar noch nie gemacht, aber ich gab mir große Mühe und war beruhigt, dass ich bei ihm nicht so viel falsch machen konnte. Danach sah mein Gast ganz manierlich aus.

Anschließend fuhr er mit uns in die Gemeinde. An diesem ersten Weihnachtsfeiertag war es ein wunderschöner Gesangsgottesdienst. Ich wunderte mich, dass Adam fast alle Lieder mit seiner kräftigen, herrlichen Tenorstimme mitsang. So fragte ich ihn: „Adam, woher kennst du all die wunderschönen Weihnachtslieder?“

„Frau Bormuth, ich bin gewesen in Breslauer Kinderchor. Dort wir haben auch viele deutsche Lieder gesungen. Aber Alkohol machen mich kaputt. Ich nicht mehr gehen in Kirche. Aber heute ich danke für Einladung.“

Adam fühlte sich wohl bei uns und blieb noch 14 Tage unser Gast. Er feierte mit mir meinen Geburtstag am 3. Januar und wir haben wieder einige Lieder gesungen. Solch ein schönes Ständchen hatte ich noch nie erlebt. Unser polnischer Gast war wirklich ein hervorragender Sänger. Er suchte nun dringend eine Mitfahrgelegenheit nach Breslau, weil er dort seine alte Mutter besuchen wollte. Als er sich nach zwei Wochen von uns verabschiedete, dankte er mir herzlich. „Frau Bormuth, Sie sind wie meine Mutter. Alkohol machen mich kaputt, aber ich will gehen wieder in Kirche.“

Kinderherzen werden wieder froh

Für mich hätte dieser trübe regnerische Dezembermorgen gar nicht schöner beginnen können. In meiner Stillen Zeit lese ich immer mehrere Kapitel fortlaufend in meiner Bibel. Bei den sogenannten kleinen Propheten bin ich angekommen und das letzte Kapitel aus Micha hat mich fasziniert. Eine Reihe von Versen habe ich sogar rot angestrichen. Sie beeindrucken mich und ihre Worte begleiten mich durch die anstehenden Stunden. Gewaltig sind diese Aussagen. Immer wieder habe ich sie auf mich wirken lassen. Einem Anrufer, der unter schweren Depressionen leidet, habe ich sie durchs Telefon zugesprochen und ihn in seinem Tief ermutigt. Besonders stärkend für ihn war mein Gebet am Schluss unseres Gesprächs.

Vieles um mich herum könnte mich traurig machen, ja fast in die Verzweiflung treiben. Immer wieder neue Krisenherde in der Welt. Der Krieg in Syrien weitet sich aus.

Auch aus Afghanistan kommen keine guten Nachrichten. Obwohl wir Deutschen aufgerufen werden, den Flüchtlingen eine herzliche Willkommenskultur entgegenzubringen, hören wir in der Tagesschau von Brandanschlägen in den Asylheimen und Schlägereien in den Auffanglagern.

Da brauche ich schon eine kräftige Ermutigung, um fröhlich meine Arbeit beginnen zu können. So heißt es im letzten Kapitel von Micha an einigen Stellen: „Ich aber will auf den Herrn schauen und des Gottes meines Heils warten; mein Gott wird mich hören." So bete ich nie in den blauen Dunst hinein, wenn ich um Frieden in der Welt bitte, sondern darf fest darauf vertrauen, dass das Ohr meines Herrn mich verstehen wird. Brauche ich mehr, damit meine Seele zur Ruhe findet, als solch ein Gotteswort?

An anderer Stelle heißt es: „Auch wenn ich im Finstern sitze, so ist doch der Herr mein Licht." Darauf ruht mein Vertrauen. Gott will seine Gnade auf mich richten. Gnade heißt doch, dass Gott mir ganz nahe kommt. Ich werde nicht zuschanden werden. Stark darf ich in meiner eigenen Schwäche werden und mich auf felsigen Grund stellen.

Die Mauern des Heils, die mein himmlischer Vater aufgerichtet hat, werden nicht brechen, sondern das Wort des Evangeliums wird seinen Lauf in unserer Welt fortsetzen. Menschen, die bisher ohne Hoffnung gelebt haben, werden staunen über seine Macht. Und wir selbst müssen nicht wie eine Herde ohne Hirten in der Wildnis herumirren, sondern wir wissen um Christus, der von sich selbst sagt: „Ich bin der gute Hirte, und meine Schafe hören meine Stimme, und ich kenne sie, und sie folgen mir; und ich gebe ihnen das ewige Leben, und sie werden nimmermehr umkommen, und niemand wird sie aus meiner Hand reißen."

Wunder über Wunder werden sich vor meinen Augen auftun und mir bewusst machen, dass es so sein wird wie zu den Zeiten Israels: Das Volk Gottes lebte unter der Herrschaft des Pharao und war fast zugrunde gegangen. Immer mehr Arbeitslast legte dieser Tyrann auf sie und kürzte ihnen trotzdem noch den Lohn. Dann seufzten und klagten sie vor Gott ihre Not und er hörte ihr Schreien. Das Erbarmen ihres Vaters im Himmel war groß und so konnten sie doch noch ins gelobte Land einziehen. Durchs

Meer bahnte ihnen der Herr einen Weg, sodass sie sicher durch die Fluten das andere Ufer erreichten, während Pharaos Gefolge in den Wogen des Wassers den Tod fand.

Mich lässt hier die Frage aufhorchen: „Wo ist solch ein Gott, wie du bist?" Ich finde immer die beste Orientierung in meinem Leben, wenn mir meine Schuld vergeben wird und ich mich nicht länger meiner Vergehen und Hässlichkeiten schämen muss. In den liebevollen Armen meines Vaters kommt mein Herz zum Frieden. Bei Gott darf ich ein wohliges Zuhause finden und muss nicht in Angst leben.

Nun habe ich anhand der beglückenden Tatsachen, von denen Micha in der Bibel berichtet, Gottes Heilshandeln neu auf mich wirken lassen. Seine Verheißungen haben mich zu einem fröhlichen Tun an diesem Tag bewegt. So packe ich viele Päckchen mit lauter herrlichen Süßigkeiten in kleine Tüten. Einen ganzen Korb voll laden wir in unser Auto. Den Flüchtlingskindern aus Afghanistan, dem Irak und Syrien wollen wir in dieser Adventszeit eine Freude bereiten. Direkt vor unserer Haustür ist ein großes Lager aufgebaut für etwa 1200 Menschen. Schon fast jede Woche sind wir ein- bis zweimal dorthin gefahren und haben ihnen Kleider, Schuhe, Bettwäsche, Koffer und Taschen gebracht. Das sind Gaben, die uns christliche Gemeinden und Freunde von überall her schicken. Immer war ich umringt von einer Schar von Kindern, die mir die Sachen abnahmen und ins Zelt trugen. Aber dann bekümmerte mich doch die Tatsache, dass sie selbst mit leeren Händen zurückblieben. Selten waren Kinderbekleidung oder Spielsachen dabei und ich gewann den Eindruck, dass sie mir enttäuscht und traurig nachgeschaut haben. Dem wollte ich heute ein Ende setzen.

Inzwischen sind die meisten Zelte abgebaut und die Bewohner sind in dreistöckigen Häusern auf dem Gelände untergebracht. Nun müssen sie nicht mehr frieren. So fahren wir dorthin und überlegen, wie wir den Weg zu den Kindern finden, denn wir selbst dürfen das Lager nicht betreten. Ich winke einen Herrn von der Security heran und erkläre ihm mein Anliegen. Dieser Beamte, der von der Landesregierung aus Wiesbaden hierher versetzt worden ist, will mich aber nicht recht anhören: „Geben Sie mir Ihre Geschenke, und ich werde sie beim Roten Kreuz abliefern."

„Genau das möchte ich nicht. Mir liegt daran, selbst an der Freude der Kinder teilzuhaben, wenn sie ihre süßen Päckchen empfangen. Ihr Lachen will ich sehen."

„Ja, haben Sie die Schokolade denn schon verpackt?", fragt er mich.

„Klar, alles ist wunderbar zugeschnürt. Ich habe schon mehrmals die Kleinen mit arabischen Bilderbibeln, Schokolade und Bonbons im Lager beglückt. Ich möchte selbst erleben, wenn die Geschenke ihnen ein Lächeln auf ihr Gesicht zaubern."

„Aber so einfach ist das nicht, wie Sie sich das vorstellen. Es könnten größere Jungen kommen, Sie niederschlagen und dann mit Ihrem Korb davonlaufen."

„Nein, das wird nicht geschehen. Mir tut niemand etwas an. Den großen Buben werde ich freundlich entgegengehen und ihnen auch ein Päckchen überreichen. Mich wird niemand bestürmen oder umreißen. Ich lasse die Kinder in einer Reihe antreten und dann beginnt die Bescherung."

„Aber wenn Sie nicht genug Geschenke

im Auto haben, wird Ihre Aktion in eine Schlägerei ausarten."

Allmählich werde ich ungeduldig, denn ich habe nun genügend Argumente für meine Verteidigung angeführt. Ich erkläre dem Herrn, dass ich genügend Schokolade mitgebracht habe. Aber er lässt sich auf meine Rede nicht ein und ist nicht bereit, die Kinder über den Lautsprecher zu mir ans Auto zu rufen. So bleibt meine Bitte erfolglos. Ich kehre diesem Herrn den Rücken, gebe aber mein Bemühen nicht auf. Mit freundlichen Worten verabschiede ich mich und wünsche ihm eine gesegnete Adventszeit. Dann fahren wir weiter an eine andere Stelle des Bauzauns. Auf dem Gelände spielen zwei Flüchtlingskinder. Ich winke sie zu mir heran und mache ihnen mein Anliegen klar, indem ich ihnen die vielen Schokoladenpäckchen zeige. Sofort rufen sie ihre Freunde herbei und im Nu bin ich von einer großen Kinderschar umringt. Lauter erwartungsfrohe Gesichter schauen mich an. Alle strecken mir ihre Händchen entgegen. In einer langen Reihe lasse ich sie antreten und teile dann mit einem fröhlichen Gesicht meine Gaben aus. Auch Väter und Mütter eilen mit ihren Babys auf dem Arm herbei. Ich kann die Kinder gar nicht alle zählen.

Als der Waschkorb leer ist, hole ich einen Sack mit vielen Nikolausfiguren aus dem Kofferraum und das Austeilen kann weitergehen. Die lustigen Gesichter bestätigten mich in meinem Tun. Mir tut es sehr gut, mich in meinem Handeln von Jesus bestimmen zu lassen. An diesem etwas kalten Morgen bin ich wohl die Glücklichste in dieser Runde. Wir leben in einem reichen Land. Schon 70 Jahre haben wir Frieden. Gehen wir in unsere Geschäfte, dann ist die Auswahl an Waren riesengroß. Wir müssen nicht hungern und haben alle ein Dach über dem Kopf. So will ich mich von meinem Herrn gebrauchen lassen und von meinem Wohlstand anderen Menschen abgeben und sie erfreuen.

Aber an diesem Tag sehe ich auch in viele traurige Mienen. Vor mir stehen kleine Jungen und Mädchen, schmächtig und unterernährt, die von den Kämpfen in Syrien und Afghanistan schwer traumatisiert sind. Wie mir ihre Mütter auf Englisch erzählen, erlebten diese Kleinen Bombennächte und Terrorangriffe. Auf der Flucht sahen sie viele tote Menschen am Straßenrand liegen. Einige mussten sogar bei Hinrichtungen zuschauen. Solche Grausamkeiten prägen manchmal ihr ganzes Leben. Außerdem muss ich an ihren langen Fluchtweg in untauglichen und schäbigen Booten denken. Sturm, Hunger und Durst haben sie durchleiden müssen. Blass und oft sehr elend sehen diese Kinder aus. Wie sehr ihre kleinen Seelen gelitten haben, werde ich wohl nie ermessen können. Am liebsten würde ich mich zu ihnen niederknien, meine Hand auf ihr Köpfchen legen und sie im Namen des himmlischen Vaters segnen. Ihm allein ist es möglich, den Schaden, den diese furchtbaren Kriege und schrecklichen Kämpfe angerichtet haben, zu heilen, damit sie wieder fröhlich werden und lachen lernen. Gott vermag sie auch von allen bösen und niederdrückenden Träumen zu befreien und sie wieder sanft in den Schlaf zu wiegen. Es gilt, diese Kinder und ihre Eltern zu lieben und ihnen zu helfen, dass sie in unserem Land ein Stück Heimat finden. Wenn dann das Morden und das Zerstören ein Ende gefunden hat, wünsche ich ihnen eine glückliche Heimkehr in ihr Land.

Ein weiteres Weihnachtsbuch

Sabine Herold
Die geöffnete Himmelstür
24 Zugänge zum Advent
ISBN 978-386827-611-4
128 Seiten, gebunden

Adventszeit ist Türenzeit: Verschlossene Türen hüten Weihnachtsgeheimnisse, offene Türen laden zu Begegnungen ein. Und an Weihnachten feiern wir, dass sich in Jesus die wichtigste Tür für uns geöffnet hat – die Tür zum Himmel!
Sabine Herold, die bekannte Pfarrerin, Autorin und Referentin, öffnet uns den Blick für die sichtbaren und unsichtbaren Türen in unserem Leben und zeigt 24 Zugänge zum Advent: besinnlich, humorvoll, kreativ, nachdenklich, tiefgründig. Sie lädt ein, im Trubel der Vorweihnachtszeit innezuhalten und zu fragen: Öffnen wir unsere Türen für Gott und füreinander?